UNGARN

Zoltán Halász

UNGARN

Corvina

Titel der ungarischen Originalausgabe: Magyarország
Aus dem Ungarischen von Liane Dira und Tilda Alpári

ISBN 963 13 3396 5

Printed in Hungary 1991
Druckerei Kossuth, Budapest

Urgeschichte, Landnahme

Über die Urgeschichte der Ungarn sind kaum schriftliche Quellen erhalten geblieben. Auf die Frage, woher die Ende des 9. Jahrhunderts ins Karpatenbecken kommenden Ungarn stammen, antworten Sprachwissenschaft, Archäologie, Ethnographie und Anthropologie. Die meisten und zuverlässigsten Angaben liefert die vergleichende Sprachwissenschaft, nach deren Feststellungen die Ungarn aufgrund des Wortschatzes und der Struktur der ungarischen Sprache in die finnisch-ugrische Gruppe der uralischen Sprachfamilie gehören. Wir wissen nicht, ob die Urheimat der Uralvölker in Europa oder in Asien lag. Die Heimat der Onoguren und der Magyaren war wahrscheinlich am Mittellauf der Wolga.

Die Vorfahren der Ungarn, Fischer und Jäger, verließen Mitte des 1. Jahrtausends n. Chr. jenes Gebiet, wo sie mit den anderen ugrischen Völkern zusammen lebten, und zogen nach Süden. Hier kamen sie mit bulgarisch-türkischen Völkern in Berührung, durch deren Einfluß sie zu einem berittenen Steppenvolk wurden, das bereits im Stämmebund lebte. Im Laufe ihrer Wanderungen wurden sie Untertanen der verschiedenen Nomadenreiche, die sich erstaunlich schnell in den Steppengebieten bildeten und mit der gleichen dramatischen Schnelligkeit wieder zerfielen. In der Mitte des 5. Jahrhunderts n. Chr. schlossen sich die Vorfahren der Ungarn dem onogurisch-bulgarischen Stämmebund an und lebten mit diesem eine Zeitlang am Nordufer des Schwarzen Meeres unter der Oberhoheit des Chasarenreiches. Später wanderte ein Teil der Onoguren nach Süden und gründete am Unterlauf der Donau den bulgarischen Staat. Ein Teil der zurückgebliebenen Onoguren zog zur Wolga, während sich die übrigen zu einem Stämmebund zusammenschlossen. Zur Bezeichnung der sieben Stämme begannen sie später den Namen des stärksten Stammes, der Megyer, zu benutzen. Daher kommen die Ausdrücke „magyar“ und „Magyarország“. Die in den verschiedenen Sprachen üblichen Bezeichnungen Hungarus, hongrois, Hungarian, Ungar, Venger sind auf das Wort „onogur“ zurückzuführen.

Über die Wanderungen der Ungarn wurden in verschiedenen Chroniken recht widersprüchliche Angaben aufgezeichnet. Fest steht, daß sie 889 vor dem Angriff der Petschenegen nach Westen in das Gebiet zwischen Donau und Dnjepr zogen und um 896 auf der Flucht vor einem erneuten gewaltigen Angriff in das Karpatenbecken eindrangen, das sie schon von ihren früheren Streifzügen her kannten. Zur Zeit der Landnahme der Ungarn lebten hier hauptsächlich die Überreste slawischer Völker; das Großmährische Reich war nach dem Tode Swatopluks im Zerfall begriffen. Das pannonisch-slawische Fürstentum im Westen verkörperte keine bedeutende militärische Macht. Die auf die Tiefebene und Siebenbürgen ausgedehnte Herrschaft der Bulgaren konnte sich nicht festigen. So unterwarfen die Ungarn das Gebiet des Landes mühelos. Der Militärführer der landnehmenden Ungarn war *Árpád*. Seine Nachfolger wurden Ungarns Könige.

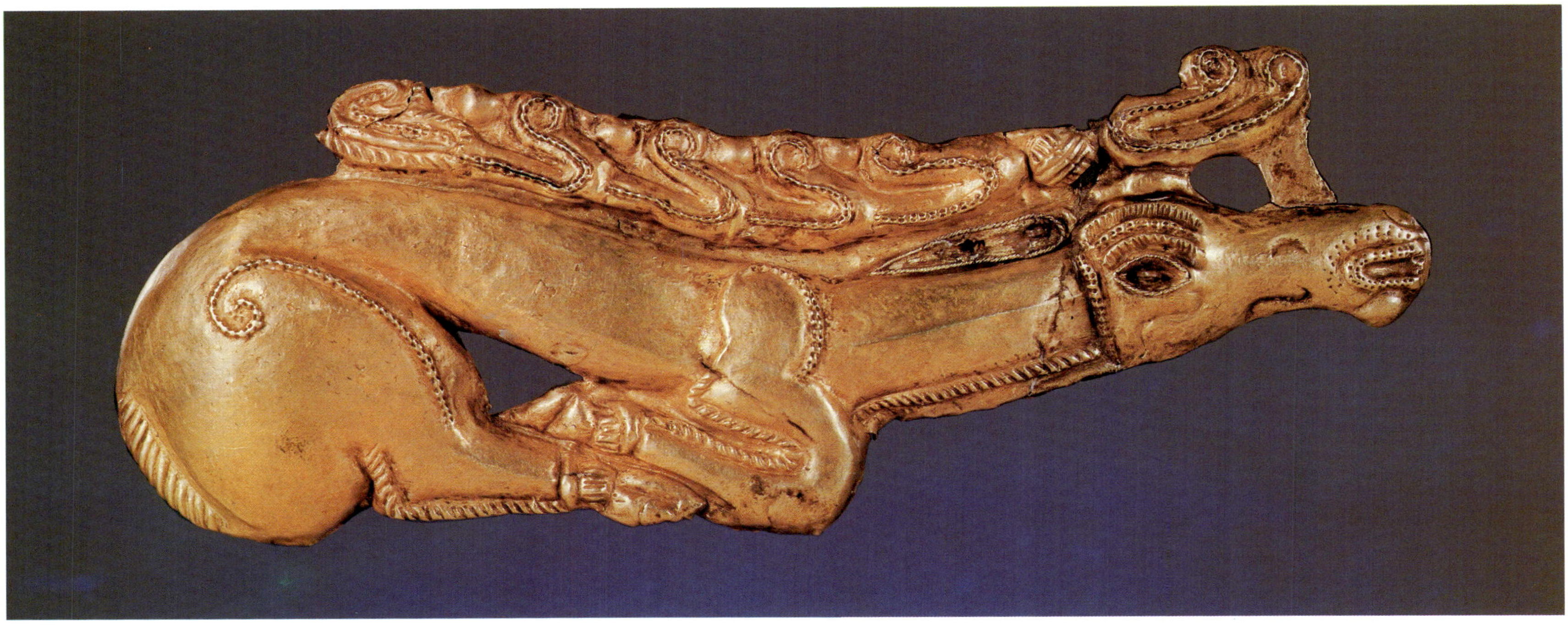

1

1. Goldener Hirsch (wahrscheinlich Schildverzierung). Skythische Arbeit. 4. Jh. v. Chr. Tápiószentmárton. Ungarisches Nationalmuseum, Budapest

2. Mosaikfußboden aus der Römerzeit in der Herkules-Villa in Óbuda (Meggyfa u. 19–21)

3. Römische Mosaiken aus dem Kaiserpalast des einstigen Savaria. 2. Jh. n. Chr. Savaria-Museum, Szombathely

4. Königskopf aus rotem Marmor. Kalocsa. 13. Jh. Ungarisches Nationalmuseum, Budapest

Die Vergangenheit des Karpatenbeckens

Das Land, das die Ungarn einnahmen, war schon in vorgeschichtlichen Zeiten bewohnt. Der Fund von Vértesszőlős beweist, daß im Karpatenbecken schon vor einer halben Million Jahren der Urmensch gewohnt hat. In den Höhlen des Bükkgebirges in Nordungarn wurden 150 000 Jahre alte Werkzeuge aus der Altsteinzeit gefunden. In der Mittelsteinzeit gab es auch am Mittellauf der Theiß menschliche Siedlungen. Das Volk der Körös-Kultur benutzte geschliffene Steinwerkzeuge und ging in der Jungsteinzeit bereits zum Ackerbau über. Die ersten Kunstschöpfungen blieben von den Menschen der Jungsteinzeit erhalten. Funde aus der Kupfer- und Bronzezeit bezeugen, daß die Menschen in dieser Gegend bereits in Stammesgemeinschaften lebten; sie kannten von Ochsen gezogene Wagen mit vier Rädern, hielten Haustiere, konnten spinnen und weben und fertigten Tongefäße. In der älteren Eisenzeit siedelten sich die Thraker östlich der Theiß und die Illyrer westlich der Donau an. Letztere errichteten gewaltige Erdwälle gegen die Skythen und die von Westen einbrechenden Kelten. Zu Beginn unserer Zeitrechnung herrschten die Römer nach ihrem Sieg über die Kelten im westlich der Donau gelegenen Teil des Landes, das unter dem Namen Pannonia eine Provinz des Römischen Reiches wurde. Ein Jahrhundert später entstand auf dem Gebiet Siebenbürgens die Provinz Dacia. Während der vierhundertjährigen Herrschaft der Römer entwickelte sich eine blühende Kultur: Die meisten westungarischen Städte entstanden in der Römerzeit, so entwickelten sich Sopron und Szombathely (Scarbantia und Savaria), die heute an der österreichisch-ungarischen Grenze liegen, damals an der „Bernstein"-Straße, die das Baltikum mit Italien verband, zu bedeutenden Siedlungen. Die Vorgängerin des in Südungarn gelegenen Pécs (Fünfkirchen) war die römische Stadt Sopianae, im nordwestlichen Teil des heutigen Budapest lag Aquincum, eine Großstadt am Donauufer mit Wasserleitungen, Kanalisation, Dampfbädern, Markthallen und zwei Amphitheatern.

Nach vierhundertjährigem Bestehen wurde die römische Zivilisation von der Völkerwanderung hinweggefegt. In den folgenden fünfhundert Jahren war das Karpatenbecken die „Landstraße der Völker": Hier zogen Ost- und Westgoten, Gepiden und Langobarden durch oder ließen sich für kürzere oder längere Zeit nieder, dann bildeten die Hunnen ihr Reich, dessen Militärmacht die römischen Legionen schließlich zum Abzug zwang. Nach dem Zusammenbruch der beiden großen Nomadenreiche — des Hunnen- und des Awarenreiches — siedelten sich vom 6. bis 7. Jahrhundert im Gebiet des Karpatenbeckens West- und Südslawen an. Die entwickelten Verhältnisse der Slawen übten einen starken Einfluß auf die sich hier niederlassenden Ungarn aus: In der ungarischen Sprache gibt es viele Lehnwörter aus dem Slawischen für Begriffe des Handwerks und der Landwirtschaft.

2

3

König Stephans Erbe

Die ungarische Kunst der Romanik verfügt trotz späterer Verheerungen über ein erstaunlich reiches Fundmaterial. Unter diesem wäre ein hagerer Kopf aus rotem Marmor hervorzuheben. Der Name des Künstlers ist uns natürlich nicht bekannt, und da man nur vermuten kann, daß der Kopf Stephan I., den Staatsgründer und ersten ungarischen König, darstellt, nennen ihn die Kunsthistoriker nach seinem Fundort „Königskopf aus Kalocsa". Es ist ein hartes, unheimliche Energie ausstrahlendes Männerantlitz. Die Züge verraten gnadenlose Zielstrebigkeit, aber auch Weisheit und Einsicht. Der Staatsmann, der einen gewaltigen Widerstand niederkämpfte und die schicksalhafte Wende im Leben der Ungarn herbeiführte, mußte in der Tat solch eine Persönlichkeit gewesen sein. Unter Stephan I. siedelten sich die nomadisierenden, in Stammesverbänden lebenden Ungarn an, wurden zu einem Volk, das Ackerbau und Handwerk betrieb und anstelle des alten Schamanenglaubens zum Christentum überging. Es war eine historische Wende: In den Jahrzehnten nach der Landnahme, in der ersten Hälfte des 10. Jahrhunderts, hielten die Raubzüge der ungarischen leichten Reiterheere ganz Europa in Schrecken. Mit der Zeit begann jedoch die westliche Gegenstrategie zu wirken, und als die Ungarn 955 in Bayern eindrangen, wurden sie von der schweren Reiterei Ottos I. zum Stehen gebracht, der dann auf dem Lechfeld das ungarische Heer in einer entscheidenden Schlacht vernichtete. Obzwar auch danach noch vereinzelte Streifzüge nach Byzanz stattfanden, war offensichtlich, daß das ungarische Volk vor einer Schicksalswende stand. Entweder hörte es mit dem Nomadenleben auf, siedelte sich an, gründete einen Staat und fügte sich in die europäische Völkerfamilie ein, oder aber es erlitt dasselbe Schicksal wie so viele andere Nomadenvölker, die in den früheren Jahrhunderten verschwunden bzw. vernichtet worden waren. Die ersten Schritte unternahm Stephans Vater, Géza, der letzte Fürst (972–997): Er berief Missionare und feudale Ritter aus dem Westen, um mit ihrer Unterstützung den Widerstand gegen den neuen Glauben und die neue Lebensform zu brechen. Die gewaltige Arbeit der Staatsorganisation führte Stephan I. der Heilige (997–1038) durch. Er schlug die Heere der sich gegen ihn empörenden Sippenführer, ließ sich mit der vom Papst übersandten Krone zum König krönen und schuf anstelle der zerschlagenen Stammes- und Sippenverbände den ungarischen Staat. Die organisatorischen Grundeinheiten wurden die Burgkomitate mit den vom König ernannten Gespanen (comes) an der Spitze. Durch strenge Verordnungen zwang Stephan die am alten Glauben festhaltenden Heiden zur Annahme des Christentums. Er errichtete im Lande acht Bistümer und zwei Erzbistümer und verfügte, daß je zehn Dörfer eine Kirche bauten. Da es in Ungarn 2000 bis 3000 Dörfer gab, waren die Bauansprüche recht groß, ebenso der Aufwand für die Ausstattung der Kirchen mit Meßgewändern, Metall- und Goldschmiedegegenständen. Stephan ließ aus dem Ausland Meister kommen, und deren gemeinsamer Arbeit mit ungarischen Goldschmieden, Maurern und Metallkünstlern ist es zu verdanken, daß Ungarn zur Zeit der Landnahme allmählich den romanischen Stil übernahm, der sich damals in ganz Europa zu entfalten begann. In Ungarn faßte er so tiefe Wurzeln, daß sogar noch im 14. Jahrhundert in den kleinsten Dörfern die Kirchen in diesem Stil gebaut wurden.

Die wichtigste der politischen Ideen, die Stephan I. während seiner langen Herrschaft entwickelte und seinen Nachfolgern vererbte, war, daß er die inneren Reformen,

4

5

6

5. Byzantinische Krone. 11. Jh. Gold mit farbigem Zellenschmelz verziert, mit der Darstellung des Kaisers Konstantinos Monomachos (1042–1055) und den Kaiserinnen Theodora und Zoë.
Ungarisches Nationalmuseum, Budapest

6. Die Krone des ersten ungarischen Königs, des Staatsgründers Stephan der Heilige (1000–1038).
Ungarisches Nationalmuseum, Budapest

7. Martin von Klausenburg: Reliquiar des ungarischen Königs Ladislaus des Heiligen. Zweite Hälfte 14. Jh. Silber, vergoldet.
Dom in Győr

die Anpassung an die Völker Europas verwirklichen wollte und konnte, ohne die Unabhängigkeit des Landes zu gefährden. Er vereitelte die Eroberungsbestrebungen des römisch-deutschen Kaisers. Einer seiner Nachfolger war König Ladislaus I. (1077–1095), der das Gebiet des Landes vergrößerte und sich im Investiturstreit zwischen dem römisch-deutschen Kaiser und dem Papst auf die Seite des Papstes stellte. Ende des 12. Jahrhunderts wehrte Béla III. die Einmischung des byzantinischen Kaiserreiches ab. Béla III. wurde als Geisel am Hofe Kaiser Manuels erzogen und wäre fast dessen Nachfolger auf dem byzantinischen Thron geworden.

Der Mongoleneinfall und die „zweite Staatsgründung“

Frühling 1241. An den nördlichen und nordöstlichen Pässen der Karpaten erscheinen auf kleinen Pferden mit langen Mähnen die Vortrupps des schrecklichen Mongolenheeres in Lederpanzern aus mit Eisenplatten bedeckten Riemen. Anfangs reizen und beunruhigen sie die Verteidigungstrupps nur mit Scheinangriffen, dann aber, als das Heer des Batu Khan, Nachkomme des gefürchteten Dschingis Khan, bei vollen Kräften ist, stößt es durch den Engpaß von Verecke — den Hauptweg der landnehmenden Ungarn — vor. Der Palatin Ungarns, der Hauptbefehlshaber des Verteidigungsheeres, flieht verwundet. Nur mit Mühe gelingt es, ihn am Leben zu erhalten. Die Angriffstruppen überfallen zuerst den nördlichen Landesteil, wo sie morden und brandschatzen. Im Sajótal treffen sie mit dem ungarischen Hauptheer zusammen, das von König Béla IV. angeführt wird. Dort überqueren die Mongolen nachts heimlich den Fluß und stecken das Zeltlager der Ungarn in Brand. Das umzingelte, rücklings überfallene Heer der Ungarn wird zum Großteil vernichtet. Wer am Leben bleibt, flieht nach Westen und nach Süden. Nicht viel später gelangt der ganze Norden des Landes in die Hände der Angreifer. Im Winter überschreiten die Mongolen ungehindert die zugefrorene Donau und fallen in Transdanubien ein, nur einige von Steinwällen umgebene Burgen können sich halten. Der ganze Landesteil bis zur Westgrenze fällt in die Hände der Mongolen. Von dort greift Herzog Friedrich von Babenberg an — nicht die Mongolen, sondern die verbliebenen ungarischen Städte. Er besetzt Sopron (Ödenburg) und für kurze Zeit auch Győr (Raab). Béla IV., der bei ihm Zuflucht sucht, wird gefangengenommen und nur gegen ein hohes Lösegeld wieder auf freien Fuß gesetzt. Die Mongolen verfolgen den ungarischen König, der versucht, einen Widerstand zu organisieren; sie suchen ihn überall, folgen seiner Spur bis nach Zagreb und Dalmatien und veranlassen ihn, schließlich in Trogir Zuflucht zu suchen. Ein deutscher Chronist schrieb damals: „Nach dreihundertjährigem Bestehen hörte Hungaria auf zu existieren.“ Es schien tatsächlich so, als habe Ungarn aufgehört zu bestehen. Doch es kam anders. Im Inneren des Mongolenreiches brachen dynastische Gegensätze aus, und im Sommer 1242 zogen die mongolischen Horden ab. Hungaria überlebte die Verwüstungen. Trotz dezimierter Bevölkerung, niedergebrannter Städte und dem Erdboden gleichgemachter Dörfer lebte das Land. Béla IV. leitete mit riesigen Kraftanstrengungen den Wiederaufbau Ungarns: Er ließ Burgen und von Steinmauern umgebene Städte bauen, die imstande waren, einem erneuten Angriff der Mongolen standzuhalten. Er ließ deutsche, wallonische und italienische Siedler ins Land kommen, und durch Privilegien sicherte er die Entwicklung der Städte. Béla IV. wird der „zweite Staatsgründer“ genannt. An seinen Namen knüpft sich der Bau der Budaer Burg; er verlieh Buda und Pest den Stadtrang und gründete jenes Dominikanerkloster auf der zwischen Buda

8

9

10

8.–10. Gotische Skulpturenfragmente aus der Budaer Burg. 15. Jh. Budapester Historisches Museum

11. Ofenkachel mit der Figur des Königs Matthias Corvinus. Um 1480. Budapester Historisches Museum

und Pest gelegenen Margareteninsel, in dem seine Tochter Margarete, die später heiliggesprochen wurde, als Nonne lebte.
Der Mongoleneinfall brachte in mehrfacher Hinsicht Veränderungen. Die Tatsache, daß Land und Volk überlebten, zeugte von ihrer Kraft. Die Art des Wiederaufbaus wurde jedoch — infolge der zwingenden Umstände — eine Quelle für innere Zwiespältigkeit, für die immer stärker werdende feudale Anarchie. Aus Angst vor einem neuen Mongoleneinfall spornte der König die feudalen Oligarchen an, Burgen zu bauen. Diese neuen Burgen wurden jedoch zu Wurzeln einer starken Macht, von der der König allmählich in den Hintergrund gedrängt wurde. Gleichzeitig gerieten immer mehr adlige Grundbesitzer in Abhängigkeit von den Burgherren; sie waren Mitglieder ihrer Privatheere, ihre „familiares". Der bewegten und vielgelobten Herrschaft Bélas IV. (1235–1270) folgte eine Periode der Thronzwistigkeiten und des inneren Parteihaders. Mit Andreas III. starb 1301 der männliche Zweig der Arpaden aus, und das Erbrecht ging auf den weiblichen Zweig über.

Die Blütezeit der Anjou und Sigismund von Luxemburgs stürmische Herrschaft

Zu Beginn der siebziger Jahre wurde bei Ausgrabungen im Budaer Burgschloß der Torso einer gotischen Skulptur aus dem 14. Jahrhundert gefunden. Weitere Forschungen brachten noch vierzig Skulpturen bzw. Fragmente ans Tageslicht, die höchstwahrscheinlich alle den „Neuen Palast" Sigismund von Luxemburgs, des späteren römisch-deutschen Kaisers, schmückten.
Die Edeldamen, Ritter, Hofmusikanten, Diener und Trabanten verkörpernden Skulpturen deuten nicht nur auf die Wende vom 14. zum 15. Jahrhundert, sondern auch auf den Anbruch eines neuen Zeitalters. In ihren bodenlangen Kleidern, faltigen Gewändern, den spitzen Schuhen und kühngeschwungenen Kalpaks sind sie ein Gruß aus jenem blühenden, fast schon zur Dekadenz neigenden ungarischen Trecento, von dessen Existenz man vor dem Budaer Fund keine Ahnung hatte.
Karl Robert (1308–1342), der Abkömmling des neapolitanischen Zweiges des Hauses Anjou, wurde nach dem Tode des letzten Arpadenkönigs, Andreas' III., inmitten von Thronzwistigkeiten und inneren Parteihadern König, als die feudale Anarchie auf ihrem Tiefpunkt war. Die Barone trugen Schlachten aus, schlossen Bündnisse, und sogar die eine oder andere Stadt fühlte sich stark genug, um sich über die Gesetze zu erheben — wie Buda, das sich offen gegen den König wandte. Und als der Papst, der Karl Robert unterstützte, die Stadt deshalb mit dem Kirchenbann belegte, ließ sie als Antwort durch einen örtlichen Geistlichen den Statthalter des heiligen Petrus „bannen".
Karl Robert, der in Neapel und Mailand den modernen Handel und das zeitgemäße Finanzwesen kennengelernt hatte, hob sich langsam über die Barone und die abtrünnigen Städte; er beseitigte den inneren Wirrwarr und ließ das feudale Ungarn aufblühen. Ritter, Soldaten, Bankleute und Künstler brachten aus Italien neues Leben in die Städte. So geschah es, daß die Errungenschaften des 14. Jahrhunderts im Vergleich zu anderen Ländern Europas schon

sehr früh in Ungarn erschienen, und in den Werken der folgenden Generationen verschmolzen sie mit den lokalen Traditionen und auch der Kunst der Gotik zu einer neuartigen Einheit.
Karl Robert war ein Mann der wirtschaftlichen Realitäten; er strebte nicht nach Eroberungen. Als hauptsächliche Ergebnisse betrachtete er die Einführung der neuen Währung, des ungarischen Goldforints, nach florentinischem Muster sowie das böhmisch-polnisch-ungarische Königstreffen in der Burg Visegrád, das zur Förderung des Handels dieser drei Länder wichtige Entscheidungen traf. Sein Sohn Ludwig I. (1342–1382) erhielt infolge seiner dynastischen Eroberungskriege den Beinamen „der Große"; im Laufe dieser Kriege gelangten seine Heere bis nach Neapel, Treviso und Widdin in Bulgarien; 1380 wurde er König von Polen. Da er ohne Nachfolger starb, ging die ungarische Krone auf Sigismund von Luxemburg über, der die Tochter Ludwigs des Großen geheiratet hatte. Der Luxemburger lebte in Saus und Braus, er liebte das Leben und die Liebe und verschleuderte hemmungslos das Geld des Landes. Sein Hauptziel war die Würde des römisch-deutschen Kaisers, die er 1433 auch erlangte. Im Interesse seiner Außenpolitik nutzte er Ungarns Kraftquellen bis zum letzten aus: Er verpachtete einen so großen Teil der königlichen Domänen an die Feudalherren, daß deren Grundbesitz Mitte des 15. Jahrhunderts bereits mehr als die Hälfte Ungarns ausmachte. Die zentrale Macht war derart geschwächt, daß Sigismund seinen Thron nur im Bündnis mit der Cillei-Gara-Liga sichern konnte. Währenddessen bedrohte die osmanische Expansion bereits unmittelbar Ungarns Grenzen — und nach der entscheidenden Niederlage bei Nikopol im Jahre 1396 reichte es bei Sigismund nur noch zu einigen kraftlosen Verteidigungsfeldzügen gegen die den Süden des Landes verheerenden türkischen Angriffe.
Es gab jedoch auch positive Seiten in seiner wechselvollen, stürmischen Regierungszeit: Die Städte entwickelten sich und wurden reich; der vielsprachige, hochkultivierte Hof Sigismunds übte einen günstigen Einfluß auf die Entwicklung der Kultur und der Künste aus. Großangelegte Bauarbeiten sicherten den Künstlern für lange Zeit Aufgaben — so der Bau bzw. die Erweiterung des Budaer Neuen Palastes, der Königsburgen und Schlösser in Visegrád, Tata und Várpalota. In der Umgebung des Königs lebten Mäzene wie Pipo Spano aus der Florentiner

11

Familie Scolari, der Manetto Ammantini und Masolino de Panicale nach Ungarn berief. Es wurden meisterhafte Fresken und wunderbar illuminierte Kodizes in den königlichen Werkstätten geschaffen, die Tafelmalerei blühte auf, ebenso die Bildhauerei. Dabei entstanden so hervorragende Werke wie der Garamszentbenedeker Flügelaltar von Thomas de Coloswar.

12

12. Illustrierte Seite aus dem Werk des römischen Schriftstellers und Redners griechischer Abstammung, Philostratos (3. Jh. v. Chr.). Das Buch stammt aus der Bücherei des Königs Matthias, der Bibliotheca Corviniana.
Széchényi-Nationalbibliothek, Budapest

13. Goldener Kelch, angefertigt für den Erzbischof von Esztergom, Tamás Bakócz. Anfang 16. Jh.
Ungarisches Nationalmuseum, Budapest

Das Zeitalter der Hunyadis

Wenn genau zur Mittagszeit die Glocken läuten, erinnern sie an eine historische Begebenheit, die sich 1456 vor den mittelalterlichen Mauern der heutigen jugoslawischen Hauptstadt Belgrad, einst eine die südliche Grenze Ungarns schützende Festung, abgespielt hat und deren Hauptfiguren der türkische Sultan Murad und der große ungarische Heerführer seiner Zeit, János Hunyadi, waren. 300 000 türkische Belagerer hatten Belgrad (ung. Nándorfehérvár) von allen Seiten umzingelt. Der Sultan plante, nach der Einnahme dieser großen Festung im Süden in Ungarn einzudringen und von hier aus weiter nach Westen zu ziehen. Hunyadis Schwager Mihály Szilágyi verteidigte Belgrad. In jenen schweren Wochen wurde das Schicksal der Festung entscheidend für die Zukunft Europas: Papst Callixtus III. verkündete einen Kreuzzug und sandte den Franziskanermönch Johann Capistrano, der später heiliggesprochen wurde, nach Ungarn. Er war ein hervorragender Prediger und sollte helfen, für Hunyadi Soldaten zur Befreiung Belgrads anzuwerben. Der Papst gab ferner eine Bulle heraus und verordnete das Mittagsläuten zum Gebet für die Burgverteidiger. Die Bewohner Südungarns strömten in Scharen zu den Fahnen János Hunyadis, und auch aus Deutschland, Österreich, Polen und Böhmen trafen Hilfstruppen ein.

Den Verteidigern fehlte es an Lebensmitteln und Waffen. Ihre Lage schien hoffnungslos. Da traf fast im letzten Moment Hunyadi mit seinem Entsatzheer ein. Seine Boote durchbrachen die Sperre der türkischen Flotte und stellten die Verbindung mit dem besetzten Belgrad her. Der Heerführer organisierte die Verteidigung der Festung und den Gegenangriff, um die Kraft der Türken aufzureiben. Schließlich zog das osmanische Heer trotz seiner Übermacht unter schweren Verlusten und nach Vernichtung seiner Flotte von Belgrad ab.

Hunyadis Belgrader Sieg bedeutete für die eroberungssüchtigen Sultane die schwerste Niederlage und bewahrte Ungarn für ein halbes Jahrhundert vor ähnlichen Angriffen seitens der Türken.

János Hunyadis Lebensweg war recht abenteuerlich. Er stammte aus einer Familie des niederen Adels. Zuerst war er Page, dann Kondottiere. Im Dienst italienischer Herzöge, u. a. bei den Sforzas, lernte er den Aufbau eines modernen Söldnerheeres und die Bedeutung von Infanterie und Artillerie kennen. Seinen kometenhaften Aufstieg verdankte er seiner Genialität als Heerführer und Politiker. Er wurde einer der mächtigsten Großgrundbesitzer Ungarns, Woiwode von Siebenbürgen, oberster Heerführer im Feldzug gegen die Türken und schließlich Reichsverweser.

Am Tage nach dem Sieg bei Belgrad fiel Hunyadi der Pest zum Opfer, die im vom Krieg heimgesuchten Land wütete. Für kurze Zeit hatte es den Anschein, sein Tod sei gleichbedeutend mit dem Ende der Macht der Hunyadis. Seinen älteren Sohn, László, ließ der König aufgrund politischer Intrigen hinrichten. Mátyás (Matthias), den jüngeren Sohn, nahm er als Geisel nach Prag mit. Dort starb der nervenkranke Ladislaus V. unerwartet. Jetzt begannen lange Beratungen der Barone im Budaer Schloß um die Person des Nachfolgers. Dabei schlossen sich die Bürger und Kleinadligen und natürlich die Anhänger der Hunyadi-Partei zu einer Bewegung zusammen. Den Chroniken zufolge erschien das Heer der bewaffneten Kleinadligen auf der zugefrorenen Donau unterhalb des Schlosses, um die Wahl des 15jährigen Matthias zum König durchzusetzen. Was bisher mit Worten nicht zu erreichen gewesen war, gelang jetzt innerhalb von wenigen Stunden.

Es gibt in der ungarischen Geschichte nur wenige Persönlichkeiten, an die sich so viele Legenden, Anekdoten, humorvolle und lehrreiche Geschichten knüpfen wie an Matthias Corvinus. Matthias, der gegenüber den arroganten Mächtigen des Landes für den kleinen Mann eintrat und Gerechtigkeit walten ließ, gehört ebenso zur historischen Folklore Ungarns wie der verkleidet durch das Land ziehende „Schreiber Matthias“, der Ungerechtigkeiten enthüllt, gute Taten belohnt, die Herzen der Weiber erobert, ohne daß die in seinen Armen liegenden Schönen ahnen, daß dieser hübsche und kluge Wandergesell der König in eigener Person ist. Gewiß hat der Volksmund Matthias mit Eigenschaften ausgestattet, wie sie Harun al Raschid besaß; fest steht jedoch, daß in diesen Matthias-Geschichten die Nostalgie des Volkes nach jenen historischen Zeiten zum Ausdruck kommt, in denen am Ausgang des Mittelalters das Land unter der Herrschaft von Matthias I. Corvinus (1458–1490) europäischen Ruf genoß. Der fast noch als Kind zum König gewählte Matthias brach mit erstaunenswerter Kraft und politischer Klugheit den Widerstand der Liga der Oligarchen, er brachte eine Vielzahl von Verordnungen zwecks Ausbaus

13

der zentralisierten Monarchie. Er schuf ein zeitgemäß ausgerüstetes, diszipliniertes, modernes Söldnerheer, reformierte das Justizwesen und legte damit — zusammen mit der Schaffung einer festen Zentralmacht und der Festigung der öffentlichen Sicherheit — die Grundlagen für den Aufschwung von Gewerbe und Handel. Er unterstützte die Städteentwicklung und machte die königliche Residenz Buda zu einer der schönsten Städte Europas. Im Budaer Schloß ließ er neben dem Neuen Palast Sigismunds einen Renaissanceflügel bauen, in dem die Corvina-Bibliothek untergebracht wurde; 1473 gab es in Buda bereits eine Buchdruckerei. Auch das wissenschaftliche Leben nahm einen Aufschwung: Zahlreiche ungarische Studenten studierten an den Universitäten von Wien, Krakau (Kraków), Padua und Bologna und kehrten nach Beendigung ihrer Studien in die Heimat zurück. In Preßburg (Bratislava) wurde die Academia Istropolitana gegründet, am Hofe des Königs schrieb Antonio Bonfini die Geschichte der Ungarn, und hier wirkte auch der Humanist Marzio Galeotto, in Pécs lebte der berühmte ungarische humanistische Dichter Janus Pannonius. Überall im Lande entstanden bedeutende architektonische Schöpfungen; die Schlösser in Buda, Visegrád (350 Zimmer) und das Burgschloß in Diósgyőr schmückten Werke von Benedetto da Maiano, Verrocchio, Leonardo; Mantegna schuf ein Porträt von Matthias Corvinus.

Matthias verfolgte eine aktive Außenpolitik: Am Anfang seiner Herrschaft unternahm er einen Angriffsfeldzug gegen die Türken, später betrieb er eine Expansionspolitik in Richtung Mähren und Schlesien und darauf nach Österreich. Nachdem er 1485 Wien erobert hatte, verlegte er seine Residenz dorthin; hier ereilte ihn 1490 der Tod. Er hinterließ ein blühendes Land, das in der vordersten Linie der europäischen Entwicklung stand.

Der Bauernkrieg unter Dózsas Führung und die Katastrophe von Mohács

Eine widerspruchsvolle — und schicksalhafte — politische Gestalt an der Wende vom 15. zum 16. Jahrhundert war Tamás Bakócz, unter Matthias königlicher Sekretär und Bischof von Győr, unter Matthias' Nachfolger Wladyslaw II. Jagiello königlicher Kanzler und Kardinalerzbischof von Esztergom (Gran). Er war ein Meister machiavellistischer Ränke, er verstand es genial, sich politisch zu „plazieren", er war der Vertraute von Venedig, verhandelte im Namen von mailändischen und florentinischen Bankiers in Buda, kurz — in wenigen Jahrzehnten hatte er es vom Sohn eines leibeigenen Wagenmachers zu einem der reichsten und mächtigsten Männer des Landes gebracht. In den zehner Jahren des 16. Jahrhunderts steckte sich Bakócz das bisher höchste Ziel: Er kandidierte für den Heiligen Stuhl. An der Spitze einer glänzenden Delegation traf er aus Ungarn in Rom ein, monatelang bemühte er sich, die Ewige Stadt durch seine glänzenden Feste zu blenden, die er mit maßloser Verschwendung veranstaltete. In bezug auf den Heiligen Stuhl blieben seine Bemühungen erfolglos, denn das Konklave wählte den jungen Giovanni Medici zum Papst, der als Leo X. Bakócz als „Schmerzensgeld" eine Bulle nach Buda mitgab, die besagte, daß Bakócz zu einem Kreuzzug gegen die Türken aufrufen durfte. Bakócz und ein Teil der Großgrundbesitzer glaubten, die innere Unzufriedenheit werde sich bessern, wenn die elenden Leibeigenen, deren Schicksal sich in den vorangegangenen Jahren infolge der erhöhten Lasten und der Einschränkung der Freizügigkeit sowie anderer Regierungsmaßnahmen verschlechtert hatte, auf die fernen Schlachtfelder zogen. Die Barone und die Mehrzahl der Adligen waren jedoch dagegen, daß man den Bauern Waffen in die Hand gab. Als sich die Bewaffneten in allen Teilen des Landes zum Krieg versammelten, den die päpstliche Bulle heiligte, wendeten viele Großgrundbesitzer Gewalt an, um ihre Leibeigenen daheim zu behalten. Die zurückgebliebenen Familienmitglieder der Leibeigenen wurden gepeinigt, sie mußten auch die Lasten derer tragen, die in den Krieg gezogen waren. Die sich aus den unzufriedenen Massen rekrutierenden Kreuzzügler verwandelten sich daraufhin gar schnell in ein antifeudales Kriegsheer, und als Bakócz auf Betreiben der erschrockenen Barone und des Adels den Kreuzzug einstellte, verweigerte die empörte Masse den Gehorsam. György Dózsa, der einstige heldenhafte Burgkapitän im Kampf gegen die Türken, der zum Oberbefehlshaber des Kreuzheeres ernannt worden war, führte sein Heer in die Tiefebene. Dort schlossen sich ihm immer neue Bauernmassen an, und auch die Marktflecken der Tiefebene stellten sich auf seine Seite. Jetzt aber legten Barone und mittlerer Adel die bisherigen Zwistigkeiten beiseite, und die adlige Reiterei griff bei Temesvár (Timişoara) das Bauernheer an. Die Bauernmassen unterlagen den kampferprobten Adligen, dem Aufstand folgte eine blutige Vergeltung. Dózsa wurde auf einem glühenden Eisenthron bei lebendigem Leibe verbrannt, Zehntausende von Bauern wurden hingerichtet. Der im Herbst 1514 einberufene

14

Landtag erhob die Ortsgebundenheit und ewige Knechtschaft der Leibeigenen zum Gesetz. Nach diesen Ereignissen folgte der entscheidende Angriff der Türken. Nachdem Süleiman II. die südlichen Schutzfesten Ungarns, Szabács (Šabac) und Belgrad, eingenommen hatte, begann er im Sommer 1526 mit einem achtzigtausend Mann starken, zeitgemäß ausgerüsteten Heer einen großangelegten Feldzug. Das ungarische Heer bestand aus kaum zwanzigtausend Mann, deren Ausrüstung viel schlechter war als die der Türken. Die entscheidende Schlacht fand bei Mohács an der Donau statt, sie endete mit der vernichtenden Niederlage der Ungarn; fünfzehntausend Menschen blieben auf dem Schlachtfeld zurück, unter ihnen auch der König. Diese Schlacht war ein tragischer Wendepunkt in der ungarischen Geschichte, der sich auf Jahrhunderte auswirkte. Bei Mohács endete die Einheit und Unabhängigkeit des ungarischen Staates.

Die Spaltung Ungarns in drei Teile

Am 26. August 1541 — 15 Jahre nach der Niederlage bei Mohács — war die Budaer Burg ein Schauplatz besonderer Ereignisse. Nachdem die Soldaten Ferdinands von Habsburg die Burg seit April vergebens bestürmt hatten, weil die ungarischen Verteidiger die Angriffe des deutschen Heeres immer wieder abwehrten, traf auch Sultan Süleiman hier ein. Roggendorf, der Heerführer der Habsburger, stieß mit den Türken zusammen, zog aber danach sehr schnell ab. Nun lud der Sultan Johann Sigismund ins türkische Lager ein. Den einjährigen Königssohn begleiteten auch die ungarischen Führer. Während im Türkenlager gefeiert wurde, drangen die Janitscharen als friedliche Besucher in die Budaer Burg ein und entwaffneten überraschend die ungarische Wache. Der Sultan deklarierte feierlich: Von nun an würde eine türkische Wache in Buda bleiben und das Gebiet zwischen Donau und Theiß eine türkische Provinz werden. Der kleine Johann Sigismund sollte von da an nur noch über Siebenbürgen und das Gebiet jenseits der Theiß herrschen.

Die Vorereignisse des „Putsches" reichten anderthalb Jahrzehnte zurück. Nach dem Sieg bei Mohács hatten die Türken Ungarn nicht besetzt. Sie hatten das Land verheert, gebrandschatzt und zahllose Gefangene mit

15

14. Authentische türkische Darstellungen der Schlacht bei Mohács aus dem Jahre 1558. Topkapi Saray Müzesi, Istanbul

15. Der Sultan besichtigt die Eroberung von Buda. Miniatur aus einem türkischen Kodex von 1588.
Topkapi Saray Müzesi, Istanbul

16. Meßgewand. 1633. Die Technik der Stickerei ist türkischen Ursprungs. Museum für Kunstgewerbe, Budapest

17. Prunksäbel des siebenbürgischen Fürsten János Kemény. 1661/62. Ungarisches Nationalmuseum, Budapest

18. Unbekannter Meister: Kuruzen, Soldaten des ungarischen Freiheitskampfes. Um 1700. Ungarisches Nationalmuseum, Historische Bildergalerie, Budapest

sich geschleppt — aber sie hatten das Land verlassen. Diese unerwartete Wende hätte es ermöglicht, die Kräfte gegen einen erneuten Türkenangriff zu organisieren. Aber nichts dergleichen geschah. Die Partei des Kleinadels wählte Johann Zápolya, den Woiwoden von Siebenbürgen, den reichsten Grundbesitzer des Landes, zum König (1526–1540), die Barone dagegen wählten auf dem Gegenlandtag Ferdinand von Habsburg (1526–1564) zum König. Die doppelte Königswahl führte zu inneren Zwistigkeiten. Als Ferdinands Söldnerheer König Johann aus dem Lande verdrängte, wandte sich Zápolya an den Sultan um Hilfe, um den Thron zurückzugewinnen. Süleiman II. führte sein Heer 1529 persönlich gegen Ungarn, um Zápolya zu helfen, der am Schauplatz der Schlacht von Mohács zum Lehnskuß vor den Sultan trat. In diesem Moment verwandelte sich Ungarn in einen Kriegsschauplatz. Die Türken betrachteten das Land als ein Aufmarschgebiet bei ihrem Angriff auf Wien, die Habsburger dagegen versuchten, wenigstens den nördlichen und westlichen Teil Ungarns unter ihrem Einfluß zu behalten. So wurde das Land zum Schauplatz des Zusammenpralls der beiden um die Herrschaft über Europa kämpfenden Mächte.

Von dem Zeitpunkt an, als Buda 1541 in türkische Hände fiel, bildete das mittlere, fruchtbare Gebiet Ungarns einen Teil des sich über drei Kontinente erstreckenden türkischen Reiches. Der oberste Herr der ungarischen Provinz war der Budaer Beglerbeg, der dem Sultan direkt unterstellt war. Das türkische Steuersystem lastete schwer auf den ungarischen Leibeigenen, das Gesetz verbot ihnen die Freizügigkeit. Die „Ungläubigen" durften keine Steinhäuser bauen, und auch die beschädigten Häuser durften sie nur mit Erlaubnis ausbessern lassen. In ihre religiösen Sitten und Gewohnheiten jedoch mischten sich die Türken nicht ein. Damit läßt sich auch die rasche Verbreitung der Reformation in Ungarn erklären. Im Kriegsfall wurden auch die minimalsten Rechte zurückgenommen. Die türkischen Soldaten raubten und plünderten, das Land wurde zu einem regelrechten Sklavenmarkt, zu Tausenden konnten die Menschen in das Innere des Türkenreiches getrieben werden.

Vor der unerträglichen Existenzunsicherheit floh die Bevölkerung in die größeren Ortschaften, Hunderte von Dörfern entvölkerten sich und fielen der Vernichtung anheim.

Die westlichen und nördlichen Gebiete Ungarns, die als Ungarisches Königreich unter die Herrschaft Ferdinands gerieten, wurden in Wirklichkeit zu einem untergeordneten Teil eines gewaltigen Staatsgefüges: Ferdinand, der Bruder Kaiser Karls V., herrschte seit 1521 über die habsburgischen Erblande, wurde Karls Stellvertreter im Reich und erbte 1526 über seine Frau Böhmen und Ungarn. Der von ihm gegründete Kriegsrat ließ die durch Ungarn verlaufende Frontlinie befestigen, und so entwickelte sich in der zweiten Hälfte des 16. Jahrhunderts die Linie der Grenzfesten. Mehr als ein Jahrhundert lang bildete sie die Grenze zwischen den unter türkischer Oberhoheit stehenden und den von den Habsburgern beherrschten Gebieten. Um die Grenzfestenlinie kam es ständig zu Kämpfen zwischen den Festungsverteidigern und den herumstreifenden Türken.

Siebenbürgen, der Südosten des in drei Teile zerfallenen Landes, geriet unter die Herrschaft von Johann Sigismund, dem Sohn König Johanns, und nach dessen Tod unter die Herrschaft des hervorragenden Staatsmannes Fürst Stephan Báthori (1571–1586), der zwischen den Türken und den Habsburgern eine gewisse Selbständigkeit errang. Báthori schuf eine starke Zentralmacht: Er organisierte die Niederlassung der ursprünglich als Viehtreiber arbeitenden, im Kriege zu Soldaten gewordenen Heiducken, er ermöglichte den wie Leibeigene lebenden Szeklern im Militärdienst den Aufstieg. In seiner Außenpolitik entwickelte er eine Mitteleuropa-Konzeption, die auf der siebenbürgisch-polnisch-französischen anti-habsburgischen Politik basierte. Deshalb strebte er nach der polnischen Krone, die er 1576 auch erwarb. Báthori zog als einer der großen Herrscher in die polnische Geschichte ein.

17

Kämpfe gegen die Türken und die Habsburger

An der Wende vom 16. zum 17. Jahrhundert gab es in Ungarn ein derartiges Morden und eine solche Verheerung, mit denen nur der nicht viel später ausgebrochene Dreißigjährige Krieg zu vergleichen ist. Der „fünfzehnjährige Krieg" begann mit der Hoffnung auf die Vertreibung der Türken — doch er brachte nur erneute osmanische Gebietseroberungen und ungarische Niederlagen. Obendrein plünderten die kaiserlichen Söldnerheere die bis dahin verhältnismäßig ruhigen nördlichen Gebiete und Siebenbürgen, sie verfolgten die Protestanten mit Gewalt und Tod, und durch Besitzentziehung erlegten sie den unter ihrer Herrschaft lebenden noch größere Lasten auf. Belgioso und Basta, die beiden kaiserlichen Söldnerführer, traten besonders grausam gegen die Protestanten auf. Die Habsburger nutzten die erfundenen Prozesse wegen Hochverrates aus, um den ungarischen Grundbesitzern ihre Besitztümer zu nehmen und die protestantischen Kirchen zu beschlagnahmen.

Die allgemeine Verbitterung und Unzufriedenheit führte 1604 zu der ersten antihabsburgischen Erhebung in Ungarn. Ihr Beginn und Erfolg waren mit dem Namen eines ostungarischen Grundbesitzers, István Bocskai, verbunden, der im geheimen mit den Türken ein Abkommen schloß, die Heiducken unter seiner Fahne vereinigte und glänzende Siege über die Habsburger errang, woraufhin er 1605 Fürst von Siebenbürgen wurde. Er nahm das Angebot des Sultans, König von Ungarn zu werden, nicht an: Sein Ziel war, trotz der einander feindlich gegenüberstehenden Mächte, der Türken und der Habsburger, den Frieden im Lande zu schaffen. Als Ergebnis seiner ausdauernden Anstrengungen wurde 1606 der Wiener Frieden geschlossen; der Kaiser verpflichtete sich, den aussichtslosen Krieg gegen die Türken sofort einzustellen, den

18

Ungarn sicherte er die Rückgabe der konfiszierten Güter, freie Religionsausübung und die Einhaltung des Versprechens zu, in Ungarn nur ungarische Soldaten zu stationieren. Danach schloß der Kaiser auch mit den Türken einen Frieden, der dem fünfzehnjährigen Krieg ein Ende setzte. Zwar wurden die Punkte des Wiener Friedens nicht restlos eingehalten (gerade in den folgenden Jahren entfaltete sich im Königreich Ungarn unter der Führung des hochbegabten Erzbischofs von Esztergom, Péter Pázmány, die Gegenreformation, die die Mehrzahl der protestantischen Hochadligen — und mit ihnen ihre Leibeigenen — wieder zum Katholizismus bekehrte), doch blieb Siebenbürgen in den folgenden Jahrzehnten unverändert Zentrum der antihabsburgischen Unabhängigkeitsbestrebungen. Fürst Gábor Bethlen (1613–1629), unter dessen Herrschaft Siebenbürgen seine wirtschaftliche und kulturelle Glanzzeit erlebte, mischte sich mehrere Male mit Waffengewalt in den Dreißigjährigen Krieg ein, und zwar auf der Seite der protestantischen Mächte gegen die Habsburger.

Warum kämpften die Ungarn gegen die Habsburger, während die Türken einen großen Teil des Landes besetzt hielten? Darum, weil die Habsburger nicht gewillt waren, ihrer Kraft und ihren Möglichkeiten entsprechend gegen die Türken aufzutreten, sie nutzten Ungarn als Pufferstaat aus und schlossen währenddessen offen oder geheim Kompromisse, die die Existenzsicherheit der Ungarn schwer gefährdeten. Ein ein-

19. Franz Gottfels: Die Eroberung von Buda. 1686.
Ungarisches Nationalmuseum, Historische Bildergalerie, Budapest

deutiges Beispiel dafür war das tragische Schicksal des Schriftstellers, Staatsmannes und Heerführers Miklós Zrínyi: Zrínyi, Ban von Kroatien und Großgrundbesitzer, strebte sowohl in seinen Schriften als auch in seiner Tätigkeit als Armeeorganisator und Heerführer nach der Vertreibung der Türken. Durch einen Blitzfeldzug bewies er, daß seine nationrettende Politik real und durchführbar war — und doch ernannte man nicht ihn, sondern den kaiserlichen General Montecuccoli, zum Oberbefehlshaber der Truppen gegen die Türken. Und nach dem Sieg, den der für seine Redensart „immer abwarten" bekannte General schließlich doch erzielte, schloß der kaiserliche Hof einen Frieden, der einer Niederlage gleichkam, nur um zu erreichen, daß die türkische Regierung dem österreichischen Handelskapital gewisse Handelskonzessionen sicherte. Zrínyi starb auf sonderbare Weise auf einer Jagd, und bis heute ist nicht geklärt worden, ob es sich um einen Unfall oder einen Meuchelmord handelte. Historische Tatsache ist jedoch, daß die ungarischen Magnaten, die sich nach Zrínyis Tod an die Spitze der antihabsburgischen Bewegung stellten, von den Habsburgern gefangengenommen und hingerichtet wurden; ihr Besitz wurde konfisziert ... Dieses Ereignis benutzten die Habsburger, um in Ungarn die ständische Selbstverwaltung zu liquidieren, die Gegenreformation zu unterstützen und den unter ihrer Herrschaft befindlichen Landesteil von Söldnern besetzen zu lassen, die die Bevölkerung ausraubten und brandschatzten.

Die Vertreibung der Türken und der Kuruzenaufstand

In der zweiten Hälfte des 17. Jahrhunderts vermehrten sich die Zusammenstöße zwischen den habsburgischen Söldnern und den in immer größerer Zahl auftretenden Flüchtlingen, die die kaiserlichen Behörden aus ihrem Heim verjagt hatten und für die die verbitterten Leibeigenen tiefe Sympathie empfanden. Anfangs hatten die Kuruzen wenig Erfolg im Kampf gegen die kaiserlichen Truppen, doch als sich 1678 ein junger Großgrundbesitzer aus Nordungarn, Imre Thököly, an die Spitze der Bewegung stellte und die Kuruzen zu einem starken

Heer organisierte, verdrängten sie in siegreichen Feldzügen das kaiserliche Heer aus Nordostungarn. Damals wurde Thökölys kurzlebiges oberungarisches Fürstentum gegründet. Damit war Ungarn in vier Teile zerrissen.
Die Habsburger waren zu Konzessionen gezwungen, da ihre Militärkraft durch den Krieg gegen Frankreich in Anspruch genommen war. Auf dem Landtag von 1681 wurde die Ständeverfassung wiederhergestellt, eine Amnestie wurde erlassen, und auch auf dem Gebiet der Religionsfreiheit machten sie Zugeständnisse. Die Konzessionen blieben nicht ohne Wirkung: Ein Großteil der ungarischen herrschenden Klasse wandte sich von Thököly ab und nahm für ein Übereinkommen mit den Habsburgern Stellung. Thököly und seine Kuruzen setzten den Widerstand fort.
Die Lage Thökölys verschlechterte sich in der ungarischen öffentlichen Meinung durch den Umstand, daß er seine Politik auf die Unterstützung der Türken gründete — dabei hatten die Ereignisse am Ende des Jahrhunderts die europäischen Kräfteverhältnisse verändert, und es wurde immer offensichtlicher, daß die Zeit zur endgültigen Vertreibung der Türken aus Ungarn herangereift war. Nachdem der Großwesir Kara Mustafa 1683 mit einem 200 000 Mann starken Heer gegen Wien gezogen war und dort eine Niederlage erlitten hatte, gab Leopold I. infolge der überstandenen Gefahr endlich seine passive Politik gegenüber den Türken auf, und unter dem Patronat Papst Innozenz' XI. entstand die Heilige Liga, der das Habsburgerreich, Polen und Venedig angehörten, um den Kampf gegen die Türken aufzunehmen. Die Habsburger und Frankreich schlossen einen Frieden auf zwanzig Jahre, und die verbündeten Heere — in denen auch zahlreiche ungarische Soldaten kämpften — begannen 1685 ihre Kriegsoperationen. 1686 besetzten sie nach einer langen, blutigen Belagerung Buda, im nächsten Jahr Siebenbürgen. Unter der Führung Karls von Lothringen und später Eugens von Savoyen wurden die Türken nach und nach aus Ungarn verdrängt, und 1699, nach Abschluß des Friedens zu Karlowitz, war ganz Ungarn von der osmanischen Herrschaft befreit.
Jetzt soll die Frage beantwortet werden, warum kaum vier Jahre nach der sehnlich erwarteten Befreiung von der 150jährigen Türkenherrschaft der das ganze Land erfassende Freiheitskampf gegen die Habsburger begann. Warum griff die dezimierte Bevölkerung zu den Waffen? Warum kämpfte das verarmte Land volle acht Jahre lang gegen die Übermacht des gewaltigen Habsburgerreiches? Die Gründe sind vielfältig. Die ungarischen Grundbesitzer fühlten sich verletzt, weil die meisten ihre Güter nicht zurückerhalten hatten, die sich in den einst von den Türken besetzten Gebieten befanden; man hatte sie österreichischen Aristokraten, kaiserlichen Offizieren und Würdenträgern am Wiener Hof zukommen lassen. Die Bauernschaft trug die Lasten der staatlichen Geldsteuer und hatte für die Einquartierung der in Ungarn stationierten kaiserlichen Truppen zu sorgen. Den Bürgern wurden ebenfalls schwere Steuern auferlegt. Die einstigen Grenzsoldaten wurden wieder zu Leibeigenen. Die zahllosen zugrunde ge-

20. Ádám Mányoki (1673–1756): Franz Rákóczi II. Ungarische Nationalgalerie, Budapest

20

gangenen Bauern und brotlosen Soldaten verließen zu Tausenden die Dörfer und zogen in die Berge und Wälder, wo sie erneut als Flüchtlinge lebten.
In dem gärenden, unzufriedenen Land bereiteten im Norden Leibeigene sowie eine Handvoll Offiziere der ehemaligen Thököly-Bewegung eine neue antihabsburgische Bewegung vor. Auf ihren Ruf trat eine der größten Gestalten der Freiheitsbewegungen der europäischen Geschichte, Fürst Franz Rákóczi II., auf den Plan. Er war der Nachkomme eines siebenbürgischen Fürstengeschlechts, worauf die „II" hinweist. Sein Stiefvater war Imre Thököly, der Führer des Kuruzenaufstandes; seine Mutter, Ilona Zrínyi, stammte aus der Familie des gegen die Türken kämpfenden Heerführers Zrínyi. In den letzten Tagen des Thököly-Aufstandes verteidigte sie heldenhaft die Burg Munkács gegen die Belagerung der habsburgischen Heere; sie folgte später ihrem Mann in die Emigration. Der junge Rákóczi war der reichste Großgrundbesitzer des Landes. Er war noch im Kindesalter von der Familie getrennt und seiner Freiheit beraubt worden. Nur auf abenteuerliche Weise konnte er aus dem Gefängnis in Wiener Neustadt nach Polen fliehen, da ihm ein Prozeß wegen Hochverrates drohte.
1703 folgte Rákóczi dem Ruf der Aufständischen und kehrte nach Ungarn zurück. Helle Scharen strömten unter seine Fahne, so daß sein Heer bald 70 000 Mann zählte, nicht viel später sogar 100 000. Mit stürmischer Eile befreite er den überwiegenden Teil des Landes. Dem Freiheitskampf, der als Volksaufstand begonnen hatte, schlossen sich nun auch in großer Zahl Adlige an. Auf dem Landtag von 1705 wurde Rákóczi zum regierenden Fürsten Ungarns gewählt. 1707 verkündete er die Absetzung der Habsburger und das unabhängige Ungarn. Von dem Gemälde des hervorragenden zeitgenössischen Porträtisten Ádám Mányoki blickt uns Rákóczi mit ergreifender Natürlichkeit entgegen. Unter der Pelzmütze fällt sein braunes Haar in Locken auf die Schultern. Die schön geschwungenen, etwas wulstigen Lippen zeugen von einem Liebhaber des Lebens, doch der grübelnde, suchende Blick seiner bräunlichgrauen Augen verrät den tiefgründigen Denker. Er war ein hochgebildeter Mann von weitem Horizont. Mit seinem labilen Verbündeten, Ludwig XIV., korrespondierte er in französischer Sprache. Seine „Geständnisse", philosophische, selbstquälerische Schriften, sind in klassischem Latein abgefaßt, er schrieb sie in den bitteren Jahren der Emigration. Seine Aufrufe und Verordnungen in ungarischer Sprache, die er selbst diktierte, sind Musterbeispiele für die treffende, knappe ungarische Prosa. Er war ein hervorragender Organisator, dessen Sorge ebenso der Verpflegung des Heeres wie auch der Lösung der immer schwerwiegenderen wirtschaftlichen Probleme galt. Seine außenpolitischen Konzeptionen waren vorausschauend, aber nicht immer real.
Der Freiheitskampf der Kuruzen endete dennoch mit einer Niederlage. Nach dem Sieg Österreichs und seiner Verbündeten bei Höchstädt verlor die Möglichkeit eines gemeinsamen französisch-bayrisch-ungarischen Angriffs jede Realität, der militärische Druck der Habsburger wurde immer stärker. In Ungarn vermehrten sich die inneren Zwistigkeiten; die Bauern waren unzufrieden, weil die versprochene Befreiung von der Leibeigenschaft unterblieb.
Der Adel wandte sich wegen der mit dem Kampf verbundenen schweren materiellen Opfer ab und ging in zunehmender Zahl zu den Habsburgern über. Es fehlte an Geld, die Soldaten zerstreuten sich. Während Rákóczi nach Polen fuhr und den Zaren Peter I. um Hilfe bat, legte sein Statthalter Sándor Károlyi 1711 die Waffen nieder. Rákóczi ging nach Frankreich und danach in die Türkei in Emigration, wo er 1735 starb.

21

22

Die Pragmatische Sanktion. Die ungarischen Jakobiner

Auf die Niederlage des Freiheitskampfes folgten in den ersten Jahrzehnten des 18. Jahrhunderts Zeiten der Versöhnung und der Kompromisse zwischen den Habsburgern und der ungarischen herrschenden Klasse. Die Adligen, die dem Hause Habsburg die Treue schworen, durften ihre Güter behalten, sie genossen weiterhin Vorrechte, das System der adligen Burgkomitate blieb erhalten, ebenso das Legislaturrecht des Landtages — der dafür zuerst die Abschaffung des Wahlkönigtums akzeptierte und dann in der Pragmatischen Sanktion (1722) das Erbfolgerecht auch auf die weiblichen Nachkommen der Habsburger ausweitete. Unterdessen wurden in den unter der Türkenherrschaft entvölkerten Gebieten in raschem Tempo wieder Menschen angesiedelt: Aus den unbesetzten nördlichen Landstrichen zogen große Scharen ungarischer Leibeigener nach Süden, von wo wiederum slowakische, südslawische und deutsche Ansiedler nach dem Norden gingen. Die ungarischen Stände unterstützten zu Beginn eifrig Maria Theresia (1740–1780), doch im Laufe der Zeit verschärften sich die Gegensätze zwischen der auf ihrem Feudalrecht — dem überholten Leibeigenensystem und der Steuerfreiheit — bestehenden adligen Grundbesitzerklasse und der Habsburgerregierung. Als Joseph II. (1780–1790), die interessanteste Herrscherpersönlichkeit des Hauses Habsburg, im Zeichen des aufgeklärten Absolutismus tiefgreifende Reformen durchführen wollte, verschärfte sich der Widerstand des Adels. Der Durchführung seines Leibeigenenedikts, das die Lage der Bauern erleichterte, stimmte der erschrockene Adel erst zu, als der Bauernaufstand in Siebenbürgen niedergeschlagen worden war. Kurz vor seinem Tode war Joseph II. gezwungen, die meisten Reformedikte zurückzuziehen.

Der Widerstand gegen die Politik Josephs II. hatte auch seine positive Seite: Gegenüber den germanisierenden Bestrebungen wurde die Pflege der ungarischen Sprache zum politischen Programm, die ungarische Literatur erhielt neuen Aufschwung. Im letzten Jahrzehnt des 18. Jahrhunderts, als bereits Franz I. (1792–1835) regierte, der seine Hauptaufgabe darin sah, den „Dämon der Revolution zu bremsen", gab es unter der antihabsburgischen adligen Opposition eine Schicht von Kleinadligen und Plebejern, die die Ereignisse der Französischen Revolution mit lebhaftem Interesse verfolgte. Aus ihren Kreisen ging jene kleine Gruppe hervor, die eine große geistige Kraft verkörperte und sich neben der Erkämpfung der Unabhängigkeit die bürglerliche Umgestaltung des Landes zum Ziel setzte. Ihr Führer war der Rechtswissenschaftler József Hajnóczy, zu ihnen gehörten u. a. der Dichter János Batsányi und der Volkswirt Gergely Berzeviczy. Als der Geistliche Ignác Martinovics — eine kontroverse Persönlichkeit, er war Mönch, Feldkaplan, später atheistischer Philosoph, Geheimagent und schließlich Märtyrer der Verschwörung — an die Spitze dieser Gruppe gelangte, verwandelte sie sich in eine Jakobinerbewegung. Die Geheimgesellschaften übten ihre Tätigkeit aber nur einige Monate lang aus, dann wurden sie von der kaiserlichen Polizei verhaftet. Die Führer der Bewegung wurden 1795 in Buda auf der nach diesem Ereignis benannten Blutwiese hingerichtet.

Das Reformzeitalter und der Freiheitskrieg 1848/49

Auf dem 1825 einberufenen Ständelandtag, der traditionsgemäß in Preßburg abgehalten wurde, ergriff nach einem Diskussionsbei-

21. Ansicht von Pest, 1838. Lithographie einer der Veduten, die Károly Vasquez' Stadtkarten umrahmen

22. Frauenkleid, das die ungarische Husarentracht nachahmt. Ende 18. Jh. Im Hintergrund die Burg von Preßburg (Bratislava). Lithographie um 1790

23. Miklós Barabás (1810–1898): Grundsteinlegung der Kettenbrücke, 1842. Ungarisches Nationalmuseum, Historische Bildergalerie, Budapest

23

trag, der die Magnaten aufforderte, Opfer für die Entwicklung der ungarischen Sprache zu bringen, ein junger Aristokrat das Wort: Graf István Széchenyi.
Er bot an, eine seinem Jahreseinkommen entsprechende Summe für die Gründung der „Ungarischen Wissenschaftlichen Gesellschaft“ zu stiften. Seinem Beispiel folgten andere, und am Ende der Landtagssitzung war die Summe für die Gründung der Ungarischen Akademie der Wissenschaften beisammen.
Széchenyis Auftreten bedeutete den Beginn einer neuen Epoche, des ungarischen Reformzeitalters, dessen hervorragender Führer in den folgenden Jahren er selbst wurde: Er veranlaßte eine Reihe von Veränderungen und Reformen, um das feudale Ungarn auf den Weg der bürgerlichen Entwicklung zu führen.
Széchenyis Reformideen sollten die Vorbedingungen für eine friedliche Entwicklung, für einen allgemeinen Wohlstand schaffen. Er wünschte und hielt es für möglich, daß in Ungarn die bürgerliche Umgestaltung ohne blutige Revolutionen, freiwillig und friedlich stattfinden könne. Er strebte danach, diese Reformen unter der Führung des Adels und der Großgrundbesitzer zu verwirklichen. Er beabsichtigte auch, nichts an dem Verhältnis zu den Habsburgern zu ändern, er wollte sogar das österreichische Kapital bei der wirtschaftlichen Umgestaltung des Landes in Anspruch nehmen. Sein Programm legte er in Werken, die eine große Wirkung erzielten, nieder, aber auch seine praktischen Initiativen gaben der Entwicklung einen bedeutenden Aufschwung. Széchenyi wirkte bei der Schaffung der Dampfschiffahrt, dem Bau der Eisenbahn, der Förderung des Bergbaus und der Mühlenindustrie mit. Er bereitete die Regulierung der Donau und der Theiß vor und spielte eine bedeutende Rolle beim Bau der ersten ständigen Brücke über die Donau — der Kettenbrücke —, als erster äußerte er den Gedanken der Vereinigung von Pest, Buda und Óbuda — um nur einige Beispiele aus den gewaltigen Ergebnissen seines Schaffens herauszugreifen.

24

25

Lajos Kossuth, die andere große Persönlichkeit jener Zeit, begann die öffentliche Tätigkeit auf dem Landtag von 1832 mit der Gründung einer Zeitung, die in hohem Maße dazu beitrug, daß sich die liberalen Ideen im ganzen Land verbreiteten.
Die Reformbewegungen aktivisierten das politische Leben des Landes. Kanzler Metternich, der anstelle des schwachsinnigen Ferdinands I. das Schicksal des Reiches lenkte, versuchte mit allen Mitteln, die Oppositionsbewegung zu unterdrücken. Kossuths Anschauungen wurden aber immer populärer — sein Blatt gewann mit den Mitteln der modernen Publizistik immer weitere Kreise für seine Politik. Auf dem Programm der Opposition standen Leibeigenenbefreiung aufgrund der Erbablösung, allgemeine Steuerpflicht, Schaffung der Volksvertretung im Landtag, die Gleichberechtigung vor dem Gesetz und die Abschaffung der Avitizität, die ein Hindernis für die modernen Kreditgeschäfte bildete.
Die revolutionäre Welle im Frühjahr 1848 gab den Geschehnissen in Ungarn einen großen Aufschwung. Nachdem zuerst in Paris, dann in Berlin, Mailand und schließlich auch in Wien die Revolution ausgebrochen war, fanden am 15. März 1848 auch in Pest revolutionäre Demonstrationen statt. Der Schriftsteller Mór Jókai verlas die Proklamation mit den Forderungen der Nation, der Dichter Sándor Petőfi trug sein „Nationallied“ vor, und unter der Teilnahme von 10 000 Menschen fand vor dem Nationalmuseum eine revolutionäre Volksversammlung statt. Die Gesetze wurden vom Herrscher sanktioniert, und der Wiener Staatsrat beauftragte Graf Lajos Batthyány, den Führer der Oppositionspartei, mit der Bildung einer ungarischen Regierung.
Die Revolution im Frühjahr 1848 errang einen Sieg ohne Blutvergießen, doch bald änderte sich die Lage. Als im Sommer 1848 die konterrevolutionäre Welle überhandnahm, sah der Wiener Hof die Zeit für gekommen, gegen die Revolution in Ungarn aufzutreten. Der kroatische Ban, Feldmarschalleutnant Jellačić, zog mit der stillschweigenden Einwilligung des Hofes an der Spitze eines Heeres von 45 000 Mann gegen Ungarn. Da wählte der Landtag einen Landesverteidigungsausschuß mit Lajos Kossuth an der Spitze, der die Organisierung der Verteidigung leitete.
Gewaltige Massen strömten zu den Fahnen der Honvédarmee, und das eilig aufgestellte ungarische Heer schlug die Truppen von Jellačić und jagte sie aus dem Lande.
Infolge der Ereignisse ließ die Wiener

26

Kamarilla Ferdinand abdanken und setzte Franz Joseph I. (1848–1916) auf den Thron. Unter dem Kommando des Fürsten Windischgrätz begann der österreichische Angriff auf Ungarn, und am 4. Januar 1849 besetzten die kaiserlichen Truppen die ungarische Hauptstadt. Die Regierung verlegte ihren Sitz nach Debrecen. Artúr Görgey, der Oberbefehlshaber der ungarischen Armee, führte sein Heer mit einem bravourösen Zug über das nordungarische Gebirge in das obere Theißgebiet. Dort wurde das ungarische Heer neu organisiert und mit neu geworbenen Truppen verstärkt.

Im Frühjahr 1849 ging die Honvédarmee zum Angriff über, unterstützt von polnischen, österreichischen, italienischen und anderen Freiwilligen. Sie drängte die kaiserlichen Truppen in einer siegreichen Offensive hinter die Grenzen Ungarns zurück. Infolge der verbesserten Militärlage setzte Kossuth mit der Unterstützung der Linken im Landtag die Entthronung des Hauses Habsburg (14. April 1849) sowie die Unabhängigkeit Ungarns durch. Kossuth wurde zum regierenden Gouverneur des Landes ernannt.

Währenddessen gewann der Wiener Hof mit Berufung auf die Heilige Allianz den Zaren zu einer Intervention gegen Ungarn. Dem Angriff der vereinten kaiserlichen und zaristischen Armee konnte die Honvédarmee nicht mehr standhalten. Nach schweren Kämpfen brach der ungarische Freiheitskrieg zusammen. In der Schlacht von Segesvár fiel Sándor Petőfi. Auf den letzten Zusammenstoß bei Temesvár folgte am 13. August die Kapitulation bei Világos in der Anwesenheit des russischen Oberkommandierenden Fürst Paskewitsch. Kossuth und viele andere Führer des Freiheitskampfes gingen in die Emigration. 13 Generäle des ungarischen Freiheitskrieges wurden in Arad hingerichtet, Ministerpräsident Lajos Batthyány wurde in Pest erschossen. Zu Tausenden wurden Freiheitskämpfer hingerichtet oder ins Gefängnis gesteckt, zahllose Honvédoffiziere beraubte man ihres Ranges und steckte sie als Gemeine in das kaiserliche Heer. Über dem Land lag ein grausamer Terror.

Der Ausgleich. Ungarn zur Zeit des Dualismus

Revolutionen — auch die niedergeschlagenen — zwingen die Sieger fast immer, einen Teil der Forderungen zu übernehmen. So war das auch nach dem ungarischen Freiheitskrieg von 1848/49. Das politische System, das Minister Alexander Bach nach dem Jahr der Schreckensherrschaft einführte (und das als Bach-Periode in die ungarische Geschichte eingegangen ist), erklärte zwar die Gesetze von 1848 für ungültig, konnte aber die wichtigsten Reformen nicht mehr rückgängig machen. Das Wirtschaftsleben nahm einen Aufschwung. Die landwirtschaftliche Produktion blühte auf, einige Industriezweige — so die Mühlen-, die verarbeitende Industrie, der Bergbau und die Metallverarbeitung — erstarkten und

24. Lajos Kossuth. Farbiges Glasfenster im Gresham-Palast, Budapest

25. Mór Than (1828–1899): Görgey führt einen Husarensturm an, 1849. Ungarisches Nationalmuseum, Historische Bildergalerie, Budapest

26. Soma Petrich Orlai (1822–1880): Sándor Petőfi, 1847. Ungarisches Nationalmuseum, Historische Bildergalerie, Budapest

27. Mór Than: Die Schlacht bei Tápióbicske, 1849. Darstellung einer Schlacht des ungarischen Freiheitskampfes. Ungarisches Nationalmuseum, Historische Bildergalerie, Budapest

27

begannen sogar einen bedeutenden Export abzuwickeln.
All das erfolgte zu einer Zeit, als das Land von einem inneren Widerstand erschüttert wurde und die internationale Lage verwirrt war, wodurch das Habsburgerreich geschwächt wurde. Gegenüber dem italienischen Risorgimento, das von Frankreich unterstützt wurde (und an dessen Kämpfen auch eine ungarische Emigrantenlegion teilnahm), war das Reich zu einem längeren Krieg nicht imstande. Wegen der Niederlage wurde Bach 1859 abgesetzt, und die Habsburgerdynastie suchte nach einem Ausgleich mit den herrschenden Klassen Ungarns. Es begann ein fast acht Jahre währender politischer Kampf, in dem bald die öffentliche Meinung in Ungarn die in den verschiedenen „Diplomen" und „Patenten" in Aussicht gestellten Rechte für ungenügend hielt, bald wiederum die Dynastie die ungarischen Forderungen für übertrieben erachtete. Schließlich schufen die inneren und äußeren Veränderungen die Bedingungen für einen Kompromiß: Die Macht der Habsburger war durch die Niederlage bei Königgrätz, die ihnen die Preußen zugefügt hatten, noch mehr geschwächt worden, die ungarische herrschende Klasse ihrerseits versprach sich — da sie mit großen materiellen Schwierigkeiten kämpfte — vom Ausgleich Anleihen, wirtschaftlichen Aufschwung, öffentliche Ämter und Unterstützung gegenüber den erstarkenden Nationalitätenbewegungen. So kam 1867 der Ausgleich zustande, den der ehemalige Minister der Regierung von 1848 und repräsentative Politiker des mittleren Adels, Ferenc Deák, erarbeitet hatte und der das Habsburgerreich in eine dualistische österreichisch-ungarische Monarchie verwandelte. Sowohl Österreich als auch Ungarn hatte ein eigenes Parlament und eine eigene Regierung, gemeinsam blieben die Person des Herrschers sowie die Außenpolitik und das Heer.
Franz Joseph, der bis dahin ungekrönter Herrscher war, ließ sich im Sommer 1867 zum König von Ungarn krönen. Das muß den zeitgenössischen Beschreibungen zufolge mit viel Pomp stattgefunden haben. Die Zeremonie erfolgte in Pest-Buda, in der sich rasch entwickelnden Stadt mit bereits über einer halben Million Einwohnern. 1873 wurde sie zusammen mit Óbuda zu Budapest vereint. Danach gab es viele Anhänger des Kompromisses mit der Dynastie, noch mehr Menschen aber hofften auf die Rückkehr Kossuths. Denn Kossuth hielt auch in der Emigration unverändert an der Unabhängigkeit fest und verurteilte den Ausgleich. Die Ambivalenz charakterisierte im wesentlichen die gesamte ungarische Innenpolitik am Ende des Jahrhunderts: Kampf zwischen der auf der Plattform des Ausgleichs stehenden Regierungspartei und der Oppositionspartei, die die Ideen von 1849 verkündete, und dazwischen so bedeutende Wendungen wie der Gesinnungswechsel Kálmán Tiszas, der sein Unabhängigkeitsprogramm „an den Nagel hängte", an die Spitze der Regierung trat und fast drei Jahrzehnte lang an der Macht blieb. Diese politischen Ereignisse erfolgten in einer Atmo-

28. Plakat vom Ende des 19. Jh. anläßlich der Millenniumsfeier

28

sphäre des wirtschaftlichen Aufschwungs, des großangelegten Eisenbahnbaus, der Bauarbeiten und der sich entwickelnden Industrie, die große Massen in die Stadt zogen. In jener Zeit wurde das Eisenbahnnetz des Landes ausgebaut, dessen Hauptlinien von Budapest ausgingen, wodurch auch die Verbindung der entfernten Landesteile über Budapest erfolgte. Das förderte die Entwicklung Budapests zum Zentrum des Verkehrs, des Handels und der Industrie. Budapest wuchs in einem erstaunlichen Tempo und wurde damals innerhalb weniger Jahrzehnte zu einer europäischen Metropole. Es entstanden bedeutende Industrieunternehmen, Maschinenfabriken, Textil- und Lederwarenwerke, Bergbau und Metallverarbeitung entwickelten sich weiter. Infolge der Flußregulierung und des Hochwasserschutzes vergrößerte sich die Fläche des fruchtbaren Bodens. Auf dem Großgrundbesitz, der durch Anleihen zu Kapital gelangte, wurden moderne Bewirtschaftungsmethoden angewendet, und der Ertrag stieg. Den Höhepunkt des Aufschwungs nach dem Ausgleich bildeten die Millenniumsfeierlichkeiten im Jahre 1896 anläßlich des tausendsten Jahrestages der Landnahme durch die Ungarn.

Hinter dem glänzenden äußeren Schein, dem begeisterten, aber in Wirklichkeit wenig realistischen Optimismus verbargen sich schon längere Zeit schwere Probleme. Die kleinen und mittleren Grundbesitzer konnten wegen Kapitalmangels nicht mit der Entwicklung Schritt halten und gingen zugrunde. Die Zahl der Agrarproletarier stieg auf vier Millionen, und große Massen landloser Bauern waren gezwungen, auszuwandern. Durch die Unzufriedenheit der Arbeitermassen und der nichtungarischen Nationalitäten verschärften sich die inneren Gegensätze immer mehr. Die Arbeiterbewegung erstarkte, Streiks und Demonstrationen folgten aufeinander, die von der Regierung nicht selten mit Waffengewalt bekämpft wurden. Sobald sich die Außenpolitik der Monarchie auf die Kriegsvorbereitungen richtete, nahm die Aktivität der Massen immer schärfere Formen an.

Ungarn im Ersten Weltkrieg. Die Ereignisse von 1918/19

1914 wurde in Sarajewo der Kronprinz Franz Ferdinand ermordet. Die Diplomatie und der Generalstab der Monarchie nahmen nach einigem Zögern für den Krieg gegen Serbien Stellung. Der ungarische Ministerpräsident István Tisza war anfangs dagegen. Der Politiker mit der eisernen Faust, der seinerzeit die Obstruktion der Opposition mit Waffengewalt bezwungen hatte, hielt den Zeitpunkt für einen Krieg für ungeeignet, und vom Standpunkt der inneren Kräfteverhältnisse der Monarchie aus war er gegen die Annexion Serbiens. Doch der deutsche Druck machte seinen Widerstand zunichte, und Tisza willigte in die Absendung des von vorneherein unannehmbaren Ultimatums ein. Auf den Straßen von Budapest erschienen Kriegsplakate mit der Unterschrift Franz Josephs: „Ich habe alles durchdacht, ich habe alles überlegt.“ Die ungarischen Soldaten marschierten mit Gesang und Blumen zu ihren Bataillonen. Elegante Damen verabschiedeten die Soldaten unter den Klängen der Militärkapellen auf den Bahnhöfen. Es schien, als trete an die Stelle des schillernden Idylls der Millenniumsfeiern eine noch verlogenere Illusion. Die Begeisterung hielt nicht lange an. Ungarn kämpfte an der Seite der Mittelmächte — und die Ereignisse widerlegten gar bald die Voraussagungen Kaiser Wilhelms II. Statt einem Sieg „wenn die Blätter fallen“ begann ein langer Schützengrabenkrieg. Er kostete die Monarchie schwere Opfer, so auch Ungarn. Lebensmittelmangel trat auf, die Inflation wuchs, die Löhne blieben hinter den stürmisch ansteigenden Preisen zurück. Währenddessen steckten die Unternehmer, die Stiefel mit Papiersohlen und ungenießbares Kommißbrot lieferten, Riesenprofite in die Tasche. Die Unzufriedenheit wurde immer größer. Der Führer der politischen Opposition, Graf Mihály Károlyi, forderte schon seit 1915 den Bruch mit dem deutschen Verbündeten und den Abschluß eines Sonderfriedens. Nach dem Tode Franz Josephs bestieg Karl IV. (1916–1918) den Thron. Der neue Herrscher unternahm Versuche, einen Sonderfrieden zu schließen, aber ohne Erfolg. Als Auswirkung der russischen Revolution von 1917 wurde im ganzen Land gestreikt, innerhalb der Sozialdemokratischen Partei erstarkte die linke Opposition; die revolutionäre sozialistische Gruppe, die sich aus dem Galilei-Kreis, einer Vereinigung der fortschrittlichen Studenten, gebildet hatte, begann eine antimilitaristische Organisation und nahm Verbindung zu der organisierten Arbeiterschaft auf. Eine noch größere Wirkung auf Ungarn hatten die russische Revolution und das Friedensdekret. Die innere Spannung im Lande wuchs, die Regierung konnte

29

29. Standbild Mihály Károlyis am Pester Donauufer: ein Werk von Imre Varga

30

30. Die zerstörte Kettenbrücke am Ende des Zweiten Weltkrieges. Foto aus dem Jahre 1945

der Lage nicht mehr Herr werden: Die Streiks vermehrten sich, und revolutionäre Bewegungen erreichten auch die Front. Gleichzeitig erstarkten die Bewegungen der nichtungarischen Nationalitäten für Selbstverwaltung und Unabhängigkeit. Im Sommer 1918 wurde offensichtlich, daß das Schicksal der österreichisch-ungarischen Monarchie besiegelt war. Schon vor der Unterzeichnung des Waffenstillstandsabkommens am 3. November 1918 wurde unter der Leitung von Graf Mihály Károlyi der Nationalrat gegründet, auf dessen Programm die Forderung nach Unabhängigkeit, Sonderfrieden, Anerkennung des Selbstbestimmungsrechts der Nationalitäten sowie die Bodenreform und allgemeines Wahlrecht standen. Am 31. Oktober 1918 besetzte die in Budapest aufmarschierende Menge, mit Astern an den Militärmützen, die strategischen Punkte der Stadt. Erzherzog Joseph, der vom König ernannte „homo regius“, ernannte Mihály Károlyi zum Ministerpräsidenten. Am 16. November 1918 wurde die Republik proklamiert. Mihály Károlyi wurde einige Monate später Präsident der Republik. Der während der Asternrevolution zum Präsidenten der Republik ernannte liberale Graf Mihály Károlyi war gegen den Krieg und ententefreundlich eingestellt. Er war bemüht, das Elend der Bauern zu lindern, so nahm er auf seinen gewaltigen Latifundien eine Bodenverteilung vor. Doch die Gebietsansprüche und die bewaffnete Einmischung der Entente fegten die Regierung Károlyi hinweg. Am 21. März 1919 übernahm das kommunistische Regime unter der Führung von Béla Kun die Macht. Die überstürzten Maßnahmen der kommunistischen Räterepublik — Verstaatlichung des Bodens und die staatliche Aufsicht über fast die gesamte Wirtschaft — stießen auf Widerstand. Gleichzeitig erlitt die Rote Armee eine vernichtende Niederlage, und die rumänischen Truppen marschierten in Budapest ein. Am 1. August 1919 wurde das kurzlebige erste kommunistische Regime gestürzt.

Ungarn zwischen den Weltkriegen

Nach dem Sturz des kommunistischen Regimes und dem Einmarsch der rumänischen Truppen in Ungarn zog eine Nationalarmee nach Budapest. An ihrer Spitze stand Admiral Nikolaus von Horthy, der einstige Flügeladjutant Kaiser Franz Josephs. Am 1. März 1921 fanden in Ungarn Wahlen statt, und die Nationalversammlung ernannte Nikolaus von Horthy zum Reichsverweser. In der Zeit zwischen der Durchführung der Wahlen und der Ernennung des Reichsverwesers wurde der Friedensvertrag von Trianon unterzeichnet, der Ungarn sehr hart traf. Das Territorium des Landes wurde auf ein Drittel vermindert, und Ungarn mußte eine hohe Wiedergutmachung an die Siegermächte zahlen. Obendrein verblieben infolge des Gebietsverlustes drei Millionen Ungarn außerhalb der Grenzen des Landes.

Der Trianoner Friedensvertrag verursachte Ungarn nicht nur deshalb eine tiefe Erschütterung, weil er Millionen Menschen von ihrer Heimat trennte — das hätte man durch ein Gesetz über die Rechte der Minderheiten erträglich machen können sowie dadurch, daß man die Grenzen so angesehen hätte, wie das heute in Westeuropa ganz selbstverständlich ist —, sondern auch, weil durch ihn Mitteleuropa als historisch entstandene Wirtschaftsregion zugrunde gerichtet wurde.

Zwischen den beiden Weltkriegen hatte Ungarn eine gewisse Wirtschaftsentwicklung erzielt, obzwar es die Weltwirtschaftskrise der dreißiger Jahre stark zu spüren bekam. Da Ungarn hoffte, die im Trianoner Friedensvertrag abgetrennten Gebiete zurückerobern zu können, geriet die ungarische Außenpolitik immer mehr unter den Einfluß der Achsenmächte. Im Ersten Wiener Schiedsspruch von 1938 und im Zweiten von 1940 wurden Ungarn einige Gebietsteile der Slowakei und Rumäniens zugesprochen. Leider erforderten die Interessen der Achsenmächte 1941 die Teilnahme Ungarns am Zweiten Weltkrieg. Das Land schickte seine Truppen an die Ostfront.

Im Zweiten Weltkrieg erlitt Ungarn riesige Verluste: In der Schlacht um Stalingrad und bei der Offensive am Don verlor die 2. ungarische Armee 40 000 Mann, 70 000 Soldaten gerieten in sowjetische Kriegsgefangenschaft; die ungarischen Städte wurden durch die Luftangriffe der Alliierten zerstört.

Die Antikriegsstimmung nahm zu, deshalb beschloß Hitler im März 1944, Ungarn zu besetzen, um dessen weitere Teilnahme am Krieg zu sichern.

Horthy blieb Reichsverweser, und die neue ungarische Marionettenregierung war dem deutschen Statthalter Veesenmayer bis zum letzten ergeben. Erneut wurden ungarische Truppen an die Front geschickt, die Gestapo übernahm die Verfolgung der Gegner des Faschismus, und mehr als eine halbe Million ungarische Juden trat den Weg in die deutschen Todeslager an.

Nachdem Rumänien, Finnland und Bulgarien dem Beispiel Italiens gefolgt und zu den Alliierten übergegangen waren, schickte Horthy Geheimbeauftrage nach Moskau, die ein Waffenstillstandsabkommen unterzeichneten. Als der ungarische Rundfunk die Nachricht vom Waffenstillstand durchgab, nahm die Gestapo den Sohn des Reichsverwesers, Miklós Horthy jr., gefangen. Daraufhin unterzeichnete Horthy die Ernennung des Führers der Pfeilkreuzlerpartei, Ferenc Szálasi, zum Führer der Nation. Danach wurde der Reichsverweser zusammen mit seiner Familie nach Deutschland gebracht und in Hausarrest genommen. Nach Kriegsende emigrierte Horthy nach Portugal, wo er 1957 starb.

Der Krieg nahm seinen Fortgang. Im April 1945 wurden die deutschen Truppen von der Sowjetarmee aus Ungarn vertrieben. Der Krieg hatte von Ungarn eine halbe Million Menschenleben gefordert, 40% des Nationalvermögens waren vernichtet worden. Die Verfügungen des Friedensvertrages von Trianon wurden wieder gültig, Ungarn mußte erneut eine gewaltige Wiedergutmachung zahlen.

Der Wiederaufbau, die Jahre des Stalinismus und die Revolution von 1956

Auf den Krieg folgte die Periode des Wiederaufbaus. Ungarn wurde Republik, im Ergebnis der demokratischen Wahlen wurde eine Koalitionsregierung gebildet. Die Kommunistische Partei Ungarns fügte sich jedoch — mit der Unterstützung der sowjetischen Besatzungstruppen und des KGB — nicht in das auf demokratische Weise entstandene Ergebnis. Die legitime Regierung des Landes wurde durch gesetzwidrige Verhaftungen, Zwangsverschleppungen nach Sibieren und andere Methoden gestürzt. Die Kommunisten übernahmen die Macht und führten eine Terrorherrschaft ein. Die Kollektivierung der Landwirtschaft, die gewaltsame Entwicklung der Schwerindustrie und die engstirnige zentrale Planung richteten die Wirtschaft innerhalb weniger Jahre zugrunde. Der Widerstand des ungarischen Volkes wurde immer stärker und führte am 23. Oktober 1956 zu einer Revolution, die das Rákosi-Regime stürzte. Die neue Regierung unter der Leitung von Imre Nagy verkündete den Beginn einer neuen, demokratischen Epoche und den sofortigen Austritt aus dem Warschauer Pakt. Der Sieg der Revolution schien sicher: Die sowjetischen Truppen zogen sich zurück, im Land herrschte wieder Frieden. Doch am 4. November rief die von János Kádár gebildete Regierung die Sowjets wieder zurück ins Land. Während Imre Nagy die UNO vergebens um Hilfe ersuchte, schlugen die in der Übermacht befindlichen sowjetischen Streitkräfte die Revolution nieder. Tausende von Menschen wurden verhaftet, deportiert oder hingerichtet. Imre Nagy und andere führende Persönlichkeiten suchten auf der Budapester jugoslawischen Botschaft Zuflucht, doch wurden sie nach Rumänien verschleppt. Später brachte man sie zurück nach Ungarn, wo sie 1958 in einem Schauprozeß verurteilt wurden. Über einige von ihnen — darunter auch über Imre Nagy — wurde das Todesurteil verhängt.

Das Kádár-Regime. Die Neugeburt der parlamentarischen Demokratie

Nach der blutigen Vergeltung versuchte das an die Macht gekommene Kádár-Regime die Einführung des „Gulaschkommunismus“: Langsam stieg das Lebensniveau, und zwischen gewissen Grenzen wurden auch Reisen in den Westen erlaubt. Mit der Einführung der Losung „Wer nicht gegen uns ist, ist mit uns“ versuchte Kádár die regimefeindliche öffentliche Meinung zu versöhnen. Doch die „sozialistische Planwirtschaft“ funktionierte trotz der wirtschaftlichen Reformversuche von 1968 nicht, nur die Aufnahme immer höherer Kredite konnte die Wirtschaft vor dem Bankrott retten. Die beginnende Inflation, das sinkende Lebensniveau und die aussichtslose Wirtschaftslage riefen sogar innerhalb der kommunistischen Partei eine Opposition ins Leben. Sie zwang János Kádár, die Macht zu übergeben. Für eine kurze Übergangszeit gelangte die reformkommunistische Regierung unter Miklós Németh ans Ruder.

Im Sommer 1989 begannen Verhandlungen zwischen der Regierung und den Vertretern der sich neu bildenden Parteien. Das System der freien Wahlen und der Weg zur Mehrparteiendemokratie wurden ausgearbeitet. Gleichzeitig öffnete die ungarische Regierung die Westgrenze des Landes, um den DDR-Bürgern die Flucht in den Westen zu ermöglichen. Diese Maßnahme löste eine Kettenreaktion aus, die zu den Veränderungen in der Geschichte Osteuropas führte, sie bereiteten der kommunistischen Herrschaft in zahlreichen Ländern ein Ende.

Die ungarische Regierung und die Oppositionsparteien kamen überein, im April 1990 Parlamentswahlen abzuhalten. Das neue Parlament modifizierte die Verfassung und wählte den Präsidenten der Republik Ungarn. Die Kommunalwahlen im Oktober 1990 bedeuteten einen weiteren Schritt zur Festigung der parlamentarischen Demokratie. Inzwischen verrichtete und verrichtet das Volk seine Arbeit: Es arbeitet für sein tägliches Brot, erzieht seine Kinder, bewahrt die nationale Identität und die Werte, welche die vorangegangenen Generationen geschaffen haben und welche es um neue Werte bereichert an die folgende Generation weitergeben möchte. Es will ein gleichberechtigter Einwohner dieses Europa sein, mit welchem es seine Geschichte und seine Kultur tausendfach verbinden. Über dieses Ungarn berichtet das Buch, welches der Leser in die Hand nimmt.

Budapest

32. Zopfstilfassade des Hauses
Bécsi kapu tér 7

33. Statue des hl. Johann von Nepomuk
(Bécsi kapu tér 7)

34. Der Bécsi kapu tér mit dem Standbild des
Dichters Ferenc Kazinczy

32

Das Budaer Schloß und das Burgviertel

Im Budaer Burgviertel steht ein kleines einstöckiges Haus. Seine Fassade zieren klassizistische, in Medaillons gefaßte Reliefporträts von Vergil, Cicero, Sokrates, Livius, Quintilian und Seneca. Davor steht ein Zierbrunnen zum Gedenken an Ferenc Kazinczy, den Erneuerer der ungarischen Sprache zu Beginn des 19. Jahrhunderts. Nicht weit von hier befindet sich das Wiener Tor, durch das seinerzeit die Pferdepost nach der Kaiserstadt eilte. Heute beginnen hier die Touristen per Auto, Autobus oder zu Fuß ihren Besuch in der „Altstadt“, um das Burgviertel zu besichtigen.
Das Haus Bécsi kapu tér 7 stammt ursprünglich aus dem Mittelalter. In seinem Keller sieht man auch heute noch die meisterhaft zusammengesetzten Bruchsteinwürfel, die Gewölbe, die wahrscheinlich das Fundament des Hauses eines ehemaligen Budaer Patriziers zur Zeit der Blüte der Stadt im 15. Jahrhundert waren. Dieser Zeit folgte die Türkenherrschaft und darauf die

Belagerung von 1686. Und als sich der Sturm des Krieges verzogen hatte, waren an der Stelle des gotischen Kaufmannshauses nur noch verrußte, ausgebrannte Ruinen geblieben. Die Kriegskommissare des Heeres Karls von Lothringen zählten in dem befreiten Buda kaum 100 Menschen zusammen — dabei hatte die Stadt vorher über 30 000 Einwohner gehabt. Fast alle waren umgekommen oder geflohen. Aber die Stadt war nicht gestorben. Neue Siedler kamen: Ungarn, Deutsche, Griechen, die sich unter Verwendung der alten Mauern neue Häuser bauten.

Das Haus Bécsi kapu tér 7 wurde in der Mitte des 18. Jahrhunderts wiederaufgebaut, zu jener Zeit, als nach den schweren Jahrzehnten des Wiederaufbaus die Periode des Wohlstandes begann. Der Lehrer József Grigely, der das Haus Anfang des 19. Jahrhunderts im klassizistischen Stil der Zeit umbauen ließ, unterrichtete die Söhne der zu Wohlstand gelangten Budaer Bürger in lateinischer Sprache, Poesie und Geschichte. Wieder ein Jahrhundert später gehörte das Haus einem anderen Literaten: Lajos Hatvany, Petőfi-Forscher und Mäzen des großen Dichters Endre Ady. Als Thomas Mann 1935 und 1936 auf Hatvanys Einladung nach Budapest kam, wohnte er in diesem Haus auf dem Bécsi kapu tér. Die beiden Schriftsteller sprachen über den Humanismus, Mann las Teile aus seinem entstehenden Werk „Joseph und seine Brüder" vor — und das an der Schwelle einer drohenden neuen Barbarei.

Und wieder folgten Krieg, Besetzung, Vernichtung. Das Haus auf dem Bécsi kapu tér war nur ein winziger Punkt in dem ausgebrannten, in Trümmern liegenden Budaer Burgviertel. Wieder mußte neu begonnen werden, ein langer, mühsamer Wiederaufbau folgte. Ruinen mußten beseitigt werden. Archäologen untersuchten mit großer Geduld die unter den zerstörten Anbauten zum Vorschein kommenden mittelalterlichen Mauerreste. Es dauerte ein Vierteljahrhundert, bis der alte Stadtkern in alter und zugleich neuer Schönheit auferstand: das Budaer Burgviertel und darin das ehemalige Heim des Lehrers Grigely.

In einem seiner Jugendwerke, in der „Hei-

33

34

35

36

35. Bei der Wiederherstellung der alten Häuser im Burgviertel wurden die ehemaligen gotischen Gebäudeteile sichtbar (Hess András tér 3)

36. Portaldetail des einstigen Gasthauses „Zum Roten Igel" (Hess András tér 3)

37. Haus im Burgviertel aus dem 15. Jh. (Úri utca 13) mit bauplastischem Schmuck (Löwen, die ein Wappen halten)

delberger Ästhetik", die auf wundersame Weise fünfzig Jahre nach ihrem Entstehen in einem Koffer zum Vorschein kam, schrieb Georg Lukács, daß die Nachwelt in einem Meisterwerk meist mehr findet als der Künstler, als er es schuf: denn das aufnehmende Subjekt denkt den Roman, das Gemälde, die architektonische Schöpfung weiter, sieht die Gedanken und Ergebnisse des eigenen Zeitalters hinein. Etwas Ähnliches ist mit dem wiedergeborenen Budaer Burgviertel und dem Schloß geschehen. Im Ergebnis der archäologischen Forschungen, der Rekonstruktionen und des Wiederaufbaus ist ein synoptisches Stadtbild entstanden, das in der Vergangenheit keine einzige Generation jemals in solcher Vollendung hatte sehen können.
Die Zweimillionenstadt Budapest erstreckt sich zu beiden Seiten der Donau auf einem Gebiet von 55 Quadratkilometern. Im westlichen, von Hügeln gesäumten Stadtteil Buda zieht sich in anderthalb Kilometer Länge parallel zur Donau der Burgberg hin, auf zwei Dritteln seines nördlichen Teils liegt die mittelalterliche Stadt, das Burgviertel. Im südlichen Drittel steht der ehemalige königliche Wohnsitz, das Budaer Schloß. Der Ausdruck „Berg" ist nur bildlich zu verstehen, denn das sich in nord-südlicher Richtung hinziehende Plateau erhebt sich nur 167 m ü. d. M. Diese geringe Höhe war aber in der Zeit vor der Erfindung der Kanonen von großer Bedeutung, als die Steinschleudermaschine und der Bogen die Hauptwaffen der Angreifer waren. Das war der Grund für den großen „Umzug", in dessen Verlauf Béla IV. Mitte des 13. Jahrhunderts seinen Sitz aus der am Donauufer gelegenen ebenen Stadt Óbuda auf den Burgberg verlegte. Auf dem Südende des Burgberges errichtete er das königliche Schloß,

38

38. Toreinfassung im Zopfstil aus dem 18. Jh. (Táncsics Mihály utca 24)

39.–40. Barocker Fassadenschmuck und Portaldetail (Úri utca 58)

41. Eines der schönsten mittelalterlichen Bürgerhäuser in der Országház utca (Nr. 20)

39

40

41

nördlich davon entstand die von Mauern umgebene Stadt. Sowohl Schloß als auch Burgviertel machten viele Veränderungen durch, im Laufe der späteren Jahrhunderte entwickelten sie sich bedeutend. Während der archäologischen Forschungen stellte sich jedoch heraus, daß die Straßenzüge, die topographische Lage der Stadt, trotz der Besetzungen, Vernichtungen und des Wiederaufbaus fast völlig unverändert geblieben waren. Auch in unseren Tagen hat das Burgviertel fast haargenau die gleiche Anordnung, wie es sie vor einem halben Jahrtausend hatte.
Die längste der das Plateau des Burgberges in Nord-Süd-Richtung durchquerenden Straßen und auch die älteste ist die Úri utca. Unter ihrem Fahrdamm fanden die Archäologen die gepflasterte Straße des 13. Jahrhunderts in ihrer ganzen Länge. An die meisten Gebäude dieser Straße knüpfen sich historische Erinnerungen. Das Haus Nr. 53 war einst ein Franziskanerkloster, nach der Auflösung des Ordens Ende des 18. Jahrhunderts war hier eine Militärkommandantur. Zu jener Zeit wurden in seinen Mauern

42

43

42. Balta köz

43. Ein Innenhof in der Úri utca mit mittelalterlichen Fragmenten

44

45

46

44. Die Matthiaskirche

45. Die Überreste des ehemaligen Dominikanerklosters wurden in die Mauern des Hotels Hilton Budapest eingebaut

46. Architektonisch paßt sich das Hilton an die hochstrebende Matthiaskirche mit den von Fenstern durchbrochenen Mauern an

47. Das Innere der Matthiaskirche

die ungarischen Jakobiner gefangengehalten, von hier aus geleitete man sie an den Ort ihrer Hinrichtung, auf die sich unter dem Burgberg hinziehende Blutwiese. Im Ostteil des daneben stehenden Hauses Nr. 51 befand sich einst der Landtag. Hier wurden an der Wende vom 18. zum 19. Jahrhundert Adelsreichstage abgehalten. Heute sind in den Räumen wissenschaftliche Forschungsinstitute untergebracht. In dem Empire-Saal veranstaltet heute die Ungarische Akademie der Wissenschaften Konferenzen. Im Mittelpunkt des Burgviertels steht die Liebfrauenkirche; sie könnte das Symbol des historischen Budapest sein, so viele Veränderungen und Wandlungen hat sie in den vergangenen siebenhundert Jahren durchgemacht, seit ihr Grundstein gelegt wurde. Den Südturm der Kirche ließ Matthias Corvinus errichten, dessen Rabenwappen auf ihm zu sehen ist; deshalb wird die Kirche im Volksmund Matthiaskirche genannt. Sie war der Schauplatz mehrerer Krönungen. Hier wurden Karl Robert, der erste ungarische König aus dem Hause der Anjou, und Karl IV., der letzte König aus dem Hause Habsburg, gekrönt. In ihren Mauern befindet sich das Grab Bélas III. und seiner Gemahlin, Anne de Châtillon; hier hatte Matthias Corvinus beidemal seine Frauen vor den Altar geführt, zuerst Katharina Poděbrad, dann, nach deren Tod, Beatrice von Aragonien. Fast anderthalb Jahrhunderte lang war die Kirche eine türkische Moschee; ihre Fresken gingen zugrunde. Nach der Vertreibung der Türken wurde sie im Ba-

48

49

rockstil wiederaufgebaut. Während der großen Baulust des ausgehenden 19. Jahrhunderts erhielt sie wieder ihr gotisches Gepräge. Frigyes Schulek verrichtete die große Arbeit: Er riß die späteren Anbauten ab, erschloß die früheren gotischen Elemente und baute die Kirche unter Anwendung dieser Motive um. Seine Arbeit wurde damals stark diskutiert — das seitdem vergangene Jahrhundert hat seine Kunst bestätigt. In dieser Form ist die Matthiaskirche zum charakteristischen Motiv des Budapester Stadtbildes geworden, zusammen mit der sich vor ihrer Ostfront erhebenden Fischerbastei, ebenfalls ein Werk von Schulek, deren Türme und Steinmauern im abendlichen Scheinwerferlicht unwahrscheinlich weiß leuchten.

Die Umgebung der mit barocken Figuren und Reliefs geschmückten Dreifaltigkeitssäule war im Mittelalter ein Marktplatz. In den bunten gotischen Häusern der Tárnok

50

48.–50. Die Dreifaltigkeitssäule vor der Matthiaskirche, die anläßlich der Pestseuche um 1700 errichtet wurde (1710–1713)

51. Detail der Südfassade der Matthiaskirche

CINZANO
Tárnok
ESZPRESSZÓ

53

54

52. Unter den Gewölbebogen aus dem 15. Jh. befindet sich eine stimmungsvolle Konditorei, ein beliebter Treffpunkt junger Paare — auch die Außenwandbemalung weist auf das Mittelalter hin (Tárnok utca 14)

53. Dachfenster eines alten Hauses im Burgviertel

54. Teil eines Hofes im ehemaligen königlichen Schloß

utca boten Apotheker, Tuch- und Seidenhändler sowie andere ihre Waren feil. Auf dem Dísz tér am Ende der Straße wurden Militärparaden abgehalten. In der vom Platz ausgehenden Színház utca steht das Gebäude des Burgtheaters im Zopfstil, das am Ende des 18. Jahrhunderts von dem ungarischen technischen Genius Farkas Kempelen aus einem Karmeliterkloster umgebaut worden war. Kempelen erzielte auf dem Gebiet der Phonetik und der Sprachphysiologie epochemachende Ergebnisse, er konstruierte eine Sprechmaschine und eine Schreibmaschine — und doch machte seinen Namen eine geheimnisvolle Schöpfung weltberühmt: eine Schachmaschine, deren Rätsel bis auf den heutigen Tag noch niemand lösen konnte. Ob sich wohl ein beinamputierter Soldat der polnischen Revolution darin versteckte, den Kempelen durch einen genialen Einfall vor den ihn verfolgenden zaristischen Gendarmen verbarg? Oder war es ein Vorfahre des Computers? Als man Kempelen über die Maschine befragte, mit der auch Napoleon gespielt und verloren hatte, lächelte er nur und schwieg. Die großartige Akustik des von ihm erbauten Burgtheaters aber ist Wirklichkeit. Sogar Beethoven wählte den großen Saal zum Schauplatz seines Konzertes, als er 1800 in Buda gastierte. Nach langwährender Rekonstruktion finden hier heute wieder Theateraufführungen und Konzerte statt.

Im Mittelalter trennten ein tiefer Graben und eine Mauer das Budaer Schloß von der Bürgerstadt. Durch eine Zugbrücke gelangte man zum riesigen Torturm, zu dessen beiden Seiten die Statuen von zwei ehernen Rittern mit Schild standen. Von hier gelang-

55

56

55. Ein Tor der Befestigungsanlage

56. Der Garten des Burgschlosses

57. Die neoromanische Fischerbastei wurde im 19. Jh. erbaut

te man zuerst in einen kleineren Hof und dann in den Prunkhof, an dessen Westseite eine breite Prunktreppe in den von Matthias Corvinus errichteten Renaissanceflügel führte. Es handelt sich um einen der schönsten Schloßkomplexe des damaligen Europa. Den Wohnsitz der Arpaden bauten im 14. Jahrhundert die Könige aus dem Hause Anjou weiter aus; während der langen Regierungszeit Sigismund von Luxemburgs wurde an der Wende vom 14. zum 15. Jahrhundert der Neue Palast im gotischen Stil erbaut, eine Sehenswürdigkeit seiner Zeit. Nun sah auch der großzügige Matthias keinen Grund zu weiteren großangelegten Erweiterungen: Er verband nur den bereits erwähnten Renaissancetrakt mit den beiden Teilen des Neuen Palastes. Matthias war eher bestrebt, das Innere der vorhandenen Gebäude auszuschmücken und zu bereichern. Das tat er denn auch mit Meisterwerken ohnegleichen. Die Kodizes, die nach dem lateinischen Namen der Hunyadis — Corvinus, da ein Rabe im Wappen zu sehen ist — Corvinen genannt wurden, ließ Matthias in Budaer und Florentiner Illuminatorenwerkstätten für seine Bibliothek

57

58

59

6

anfertigen. In den siebziger Jahren des 15. Jahrhunderts gab es in Buda bereits eine Buchdruckerei, ihr Besitzer war der von Rom nach Buda verpflichtete Andreas Hess, ein Mann deutscher Abstammung.
Das Budaer Schloß gelangte fast völlig unversehrt in die Hände der Türken, doch verfiel es allmählich und ging im Verlauf der Belagerung im Jahre 1686 ganz zugrunde: Es brannte aus. An die Stelle der abgerissenen Ruinen wurde im 18. Jahrhundert ein barocker Schloßkomplex gebaut; das Schloß aus der Zeit Maria Theresias wurde an der Wende zum 20. Jahrhundert um neue Flügel erweitert. Die Arbeiten begann der hervorragende ungarische Architekt Miklós Ybl, sie wurden nach seinem Tod von Alajos Hauszmann 1905 beendet. In dieser Form bestand das Budaer Schloß bis zum Ende des Zweiten Weltkrieges, als es erneut ausbrannte und fast völlig vernichtet wurde.
Im Ergebnis der Rekonstruktionsarbeiten wurde das Schloß in der zweiten Hälfte der siebziger Jahre neu geboren. Im Laufe der Ausgrabungen kamen zahlreiche mittelalterliche Fragmente zutage, die während der

62

61

58. Die Türme der neoromanischen Fischerbastei und das Reiterstandbild des heiligen Stephan vom Szentháromság tér aus

59. Gotische Sitznischen im Haus Úri utca 32

60. Ausstellung der Skulpturenfunde aus dem 15. Jh. im gotischen Rittersaal. Budapester Historisches Museum

61. Reiterstandbild des Prinzen Eugen von Savoyen vor dem Burgschloß

62. Barockes Portaldetail

63

Aufschüttung im 18. und der Bauarbeiten im 19. Jahrhundert unter die Erde gekommen waren. Unter einer dicken Erd- und Schuttschicht wurde das Südrondell freigelegt, ebenso der Torturm, der heute wiederhergestellt ist; ferner kamen unter späteren Überbauten der István-Turm aus der Anjou-Zeit, der Rittersaal aus der Zeit König Sigismunds, der Ehrenhof des Matthias Corvinus mit dem Brunnen, den das Wappen der Gemahlin des Königs, Beatrix von Aragonien, ziert, ferner die Schloßkapelle, zahlreiche Säulen und Marmorreliefs des Renaissance-Schloßflügels und noch vieles andere ans Tageslicht, was vor der Rekonstruktion für ewig verschollen geglaubt worden war. Während der Ausgrabungen wurde ein Reichtum der Kunst der Vergangenheit Ungarns erschlossen, dessen Bestehen man früher nicht einmal ahnte: Ein Beispiel hierfür ist der Statuenfriedhof aus der Zeit der Anjou-Könige, bei dessen Ausgrabungen mehr als vierzig Meisterwerke des Trecento ans Tageslicht kamen.

Vielleicht hatten Maurer sie vor dem Bau des Neuen Palastes entfernt und die kunstvollen Statuen aus der Zeit der Anjou-Könige in eine einem Massengrab ähnliche Grube geworfen. Die Werke zeugen von der Blüte der Gotik in Ungarn zu einer Zeit, aus der bisher kaum Kunstwerke gefunden worden waren.

Das Budaer Schloß, einstiger Sitz der ungarischen Könige, ist heute zu einem Zentrum des kulturellen Lebens geworden. In den Gebäudeflügeln haben Museen ihr neues Heim gefunden. In den Sälen des Schlosses werden außerdem Ausstellungen und Konzerte veranstaltet; ein mittelalterlicher Trakt dient als Schauplatz von Studiotheatervorstellungen.

64

65

66

63. Auf der Basteipromenade steht das Denkmal eines ungarischen Husarenregiments (Siebenbürger zweites Husarenregiment), ein Werk von Lajos Petri. 1935

64. Der Torturm wurde Anfang des 15. Jh. erbaut

65. Der sog. Kolbenturm der mittelalterlichen Burg aus dem 15. Jh. Er wurde nach dem Zweiten Weltkrieg freigelegt

66. Vor dem Kriegshistorischen Museum steht eine Kanone aus dem 17. Jh.

68

Buda aus der Vogelperspektive

Einst gab es anstelle des heutigen Budapest drei selbständige, sich voneinander mehr oder weniger unabhängig entwickelnde Städte. Buda und Óbuda liegen am westlichen Donauufer, auf hügeligem Gebiet, das im Norden und Westen durch die Kette der 400 bis 500 m hohen Budaer Berge begrenzt wird; Pest liegt am flachen Ostufer der Donau, das zum Flachland der Tiefebene überleitet. Die älteste der drei Städte ist Óbuda, sie wurde über den Ruinen der einstigen römischen Siedlung Aquincum errichtet. Zur Zeit der Völkerwanderung haben aller Wahrscheinlichkeit nach die Mauern der römischen Bauten noch gestanden — vielleicht war der Schauplatz der legendären Schlacht aus der Nibelungensage gegen die Hunnen, Etzelburg, eines der römischen Amphitheater. Die gleichen Mauern gebrauchte später ein Stamm der landnehmenden Ungarn als Festung — danach aber geriet alles, was von der römischen Stadt erhalten blieb, tief unter die Erde. Als im 19. Jahrhundert beim Abriß eines seltsam rund gebauten Häuserblocks die ungarischen Archäologen die Überreste des 15 000 Zuschauer fassenden Zirkus freilegten, erweckte die Entdeckung der vergessenen römischen Stadt ein so großes internationales Aufsehen, daß sogar Mommsen in die ungarische Hauptstadt eilte. Óbuda war im Mittelalter der erste königliche Sitz, doch dauerte sein Ruhm nur verhältnismäßig kurze Zeit. Als auf dem Burgberg das königliche Schloß erbaut worden war und auch die von Mauern umgebene Stadt stand, spielte Buda die führende Rolle. Von da an war Óbuda eine Zeitlang

69

die Stadt der Königinnen, verlor aber nach und nach an Bedeutung und wurde schließlich zu einer von Weinbau und Weinkunde lebenden Kleinstadt neben der Hauptstadt Buda. Zur Zeit ihrer Blüte im Mittelalter war Buda ein bedeutendes politisches und kulturelles Zentrum Europas; Pest, das am Schnittpunkt wichtiger Straßen und am guten Donauhafen und -übergang lag, entwikkelte sich dank dem Handel und Gewerbe und wurde wohlhabend. Zur Zeit der großangelegten Städteentwicklung im 19. Jahrhundert, als 1872/73 Buda, Pest und Óbuda unter dem Namen *Budapest* vereint wurden, war das Entwicklungstempo von Pest das dynamischste. Hier waren nicht nur die bedeutendsten Betriebe der ungarischen Großindustrie, sondern auch das Schwergewicht des politischen Lebens wurde hierher verlegt, denn in Pest stand das Parlament. Doch hierüber später, vorerst wollen wir bei Buda bleiben. Nicht nur der alte Budaer Stadtkern wurde auf einem Berg gebaut. Viele andere Straßen des Stadtteils am rechten Donauufer schlängeln sich die Hügel hinauf oder ziehen sich an deren Abhängen hin, da die Ausläufer der Budaer Berge ganz bis ans Donauufer reichen. Die charakteristischste Erhebung ist der Gellértberg im Süden Budas.

Von der Aussichtsterrasse des zum Gedenken an die Kämpfe der Sowjetarmee errichteten Freiheitsdenkmals kann man die ganze Stadt überblicken. Der felsige Ostabhang des Gellértberges fällt steil zur Donau ab, aus der Höhe blickt die Statue des hl. Gerhard (Gellért), eines Missionars aus Venedig, auf die Stadt herab. Der Bischof König Stephans I. wurde der Legende nach anläßlich eines Heidenaufstandes in einem ausgenagelten Faß den Berg hinuntergerollt. Heute ist der Gellértberg ein großer Park, die sich bis zur Zitadelle auf der Bergspitze hinaufschlängelnden Spazierwege werden nur stellenweise von Gartenvillen unterbrochen. Einst befand sich an der Stelle dieses Parks ein besonderer, romantischer, aber recht armseliger Stadtteil, der Tabán. Die kleinen Kneipen hier waren Schauplätze gemütlicher Zusammenkünfte bei einer Flasche Wein — Schriftsteller, Dichter und andere Künstler gedachten ihrer in ihren Werken. Zwischen den beiden Weltkriegen wurde der Tabán wegen der Veränderung des Stadtbildes abgerissen. Nur einige charakteristische Bauten zwischen Donau und Gellértberg blieben bestehen. Oben auf dem Berg erhebt sich die Zitadelle; sie wurde Mitte des 19. Jahrhunderts erbaut, nach der Niederschlagung des Freiheitskampfes von 1848/49. Die Habsburgregierung errichtete

70

71

67. Budapester Panorama, im Vordergrund das Burgschloß (S. 48–49)

68. Die Statue des heiligen Gellért auf dem nach ihm benannten Gellértberg

69. Der sog. Burggartenkiosk am Ostabhang des Burghügels (gebaut von Miklós Ybl, 1874–1879)

70. Die barocke Tabáner Kirche entstand Mitte des 18. Jh.

71. Teilansicht von Óbuda

72

73

72. Ein Budaer Haus am Donaukai mit Rokokoverzierung aus der Zeit zwischen 1710 und 1770 (Batthyány tér 4)

73. In Buda gibt es auch heute noch einige von den Türken gebaute Thermalbäder wie z. B. das Királybad (1566) (Fő utca 82–86)

74. Treppe am Hang des Gellértberges

75. Die Budapester besuchen Sommer wie Winter das Lukácsbad

74

sie als drohende Warnung über der „rebellischen" ungarischen Hauptstadt. Hinter den Schießscharten und dicken Mauern befinden sich heute ein Restaurant mit Zigeunermusik, ein Espresso sowie ein Touristenhotel.

Budapest ist unter anderem deshalb eine so abwechslungsreiche Stadt, weil sich dem Betrachter von den Budaer Bergen — die natürliche Aussichtswarten sind — immer wieder ein anderer Stadtteil erschließt. Um die Stadt aus der Vogelperspektive sehen zu können, braucht man kein Flugzeug zu nehmen: Spaziert man die Berge und Hügel in Buda entlang, eröffnet sich einem in den unerwartetsten Augenblicken das Panorama der Stadt. Von jedem Blickpunkt aus erhält man ein anderes Bild. Aus den Fenstern des Budaer Schlosses eröffnet sich dem Betrachter die Silhouette von Pest, von der Terrasse der Fischerbastei die vieltürmige Wasserstadt. Von den Wegen, die auf den Rosenhügel führen, erblickt man die Budaer Berge. Doch das beste und zugleich schönste Bild bietet sich von der Spitze des Gellértberges. Hinter den alten, dichtbesiedelten Stadtteilen sind die neuen modernen Häuserblocks am Stadtrand gut zu erkennen. Das ergibt sich hauptsächlich aus der geographischen Lage der Hauptstadt: Die Ebene, auf der Pest liegt, erhöht sich sanft zu den Randbezirken hin. Unten, im Herzen von Buda, brechen am Donauufer in der ganzen Länge der Stadt Thermalquellen hervor. Dort, wo das westungarische Hügelland mit der Tiefebene zusammenstößt, verläuft eine geologische Bruchlinie, das ist der Grund dafür, daß vom Fuße des Gellértberges bis nach Óbuda mehr als hundert Quellen täglich 50 Millionen Liter natürliches Heilwasser an die Oberfläche befördern. Es ergießt sich in die Schwimmbäder, Heilbäder und Krankenhäuser. Mit den Augen eines Historikers gesehen, ist diese Bruchlinie eher eine Verbindungslinie im Laufe der alles bewegenden historischen Veränderungen. Zwischen den modernen Häusern des heutigen Óbuda wurden „in situ" die römischen Dampfbäder bewahrt, die von dem Wasser der nördlichsten Quellengruppe gespeist wurden. Von dem Vorfahren des Gellértbades hat Bertrandon de la Brocquière, ein Höfling des burgundischen Herzogs Philipps des Guten, 1433 anerkennende Worte in sein Tagebuch geschrieben, als er durch Buda reiste und den im Bau befindlichen Neuen Palast Sigismunds von Luxemburg bewunderte. Auch die Türken bereicherten Buda während der Besetzung der Stadt um großartige Bäder: Sokoli Mustafa Pascha ließ 1566 die auch heute noch in Betrieb befindliche Badehalle des Rudasbades anlegen. Das Lukácsbad, das ebenfalls von den Türken erbaut worden war, wurde im 19. Jahrhundert im eklektischen Stil umgebaut. Die türkischen Kuppeln des Királybades wurden durch die Rekonstruktionsarbeiten von den späteren Überbauten befreit. Auf die jahrhundertealten Traditionen folgten neuere Traditionen. Das Lukácsbad z. B. ist heute Teil einer modernen rheumatologischen Forschungs- und Heilanstalt. Sein Schwimmbad ist gleichzeitig eine Art „Freilichtklub", wo sich die Schriftsteller- und Künstlerwelt der Hauptstadt trifft. Das Rudasbad wurde um eine Trinkhalle erweitert, wo die Mitglieder der älteren Generation das Wasser der angeblich jugendliche Kräfte verleihenden Juventus-Quelle trinken. Die radikalste Veränderung hat das Császárbad erlebt, neben dessen alten Schwimmbecken eine moderne Sportschwimmhalle gebaut wurde.

75

76. Die Symbole der Stadt: die Kettenbrücke und das Parlament

77. Das Spiegelbild der Elisabethbrücke

78. Das Hotel Hilton und die Matthiaskirche, von der Pester Seite aus betrachtet

Einige Worte über die Donau

Warum ist die Stadt an der Donau entstanden? Warum ist Budapest so untrennbar mit der Donau verbunden? Vielleicht deshalb, weil sie im Laufe ihrer Geschichte immer zur Donau geblickt hat. Ihre Vorgängerin — Aquincum — war nicht einfach eine Grenzstadt, sondern auch ein Handelszentrum mit den Gebieten nördlich und östlich der Donau sowie ein wichtiger Durchgangsplatz zwischen der jenseits des Römischen Reiches gelegenen Welt und Rom — wie das die neuesten Forschungen ergeben haben. Im Mittelalter bildete die Donau ein noch wichtigeres Bindeglied: Salz, Getreide und andere Produkte wurden in Kähnen stromaufwärts befördert, die von Pferden und Ochsen gezogen wurden, während stromabwärts mit Tuch, Seide und Artikeln des Handwerks beladene Schiffe den Häfen von Pest und Buda zustrebten, um hier ihre Waren zu löschen. Der große Fluß war aber auch eine Trennlinie zwischen den drei an seinen Ufern liegenden Städten Pest, Buda und Óbuda. Bis zur Mitte des 19. Jahrhunderts waren sie nur durch eine Schiffsbrücke miteinander verbunden, während der Flut im Herbst und dem Eistreiben im Frühjahr wurde die Brücke abgebrochen, und zwischen den beiden Ufern hörte jegliche Verbindung auf. Die reale Möglichkeit der Vereinigung der Städte bot sich zum erstenmal 1849, als die Kettenbrücke eingeweiht wurde. Heute überspannen bei Budapest acht Brükken die Donau. Ihr Stil und ihre Konstruktionsart sind verschieden. Die älteste Brükke, eine Hängebrücke, ist die Kettenbrücke, entworfen von dem schottischen Ingenieur William Tierney Clark, erbaut von seinem Namensvetter und Landsmann Adam Clark. Die Pfeiler der um die Jahrhundertwende entstandenen Margaretenbrücke zieren Figuren, ihre Biegung und der Abgang zur Margareteninsel verleihen ihr die in Europa einmalige Y-Linie. Nach den Zerstörungen des Zweiten Weltkrieges wurde die Elisabethbrücke in veränderter Form nach den Plänen des ungarischen Brückenbauers Pál Sávoly errichtet. Die moderne Kabel-

76

77

78

79

brücke paßt mit ihrer leichten, schwungvollen Form und ihrer breiten Bahn harmonisch in das Stadtbild an der Donau, dem die Brücken, zum Wasser führende Stiegen, mit Laubbäumen bewachsene Uferpromenaden und Inseln eine eigene Atmosphäre verleihen.

Spricht man in Budapest von der „Insel", so meint man immer die Margareteninsel, obwohl es von der Insel Óbuda bis zur Insel Csepel im Budapester Abschnitt der Donau mehrere Inseln gibt.

Die zweieinhalb Kilometer lange Margareteninsel — die im Norden durch die Árpádbrücke, im Süden durch die Margaretenbrücke mit Pest und Buda verbunden wird — ist einer der schönsten Parks der Hauptstadt, dem die Tatsache einen besonderen Zauber verleiht, daß er von dem breiten Band der blauen Donau umsäumt wird und — seit einiger Zeit vom Autoverkehr befreit — im wahren und übertragenen Sinne des Wortes eine Insel inmitten der verkehrsreichen Großstadt bildet. Der Name der Insel erinnert an die Tochter König Bélas IV., die hl. Margarete aus dem Hause der Arpaden, die hier im 13. Jahrhundert im Dominikanerkloster — dessen Ruinen noch heute zu sehen sind — erzogen wurde. Der alte Park der Insel, so wie wir ihn heute kennen, knüpft an die Tätigkeit des Habsburger Erzherzogs Joseph an. Er ließ auf der Insel, die 1796 in seinen Besitz gelangte, eine Villa bauen, legte einen wunderschönen Park und einen Rosengarten an. 1908 erwarb die Hauptstadt von seinen Nachfahren die Insel und erklärte sie „zum öffentlichen Park für alle Zeiten".

In dem seitdem vergangenen dreiviertel Jahrhundert wurde auf der Insel vieles errichtet — vom Palatinus-Freibad bis zum Tennisstadion, von der Freilichtbühne bis zum Kurhotel Thermal. Ihren wahren Zauber verdankt die Insel jedoch den alten Bäumen, den frischen Rasenflächen, dem Rosengarten, den Vögeln und der himmlischen Ruhe, die hier herrscht.

79. Thermalsee auf der Margareteninsel

80. Die Budapester ruhen sich gern unter den riesigen Bäumen aus

81

Pest, die Stadt der Gegenwart

Die Vergangenheit von Pest reicht ebenso weit zurück wie die von Buda. In der Römerzeit gab es am Ostufer der Donau zwei Siedlungen: Contra-Aquincum, dessen Überreste heute in der Innenstadt, in der Nähe der Elisabethbrücke, zu sehen sind, und Transaquincum, das weiter nördlich lag. Im Mittelalter hatte sich Pest eigentlich früher zu einer bedeutenden Siedlung entwickelt als Buda, und erst seit der zweiten Hälfte des 13. Jahrhunderts verlor es gegenüber dem königlichen Sitz allmählich an Bedeutung. Im Verlauf seiner langen Geschichte war es jedoch immer „modern", es kümmerte sich weniger um Traditionen, sondern übernahm schneller und flexibler all das, was neu war, und verschmolz es mit dem eigenen Leben: die aus der Provinz und dem Ausland einwandernden Massen ebenso wie die neuen Geistesströmungen und Gewohnheiten. Das Lebenselement der lebendigen Handels- und Gewerbestadt war, im Gegensatz zu dem traditionelleren Buda, die ständige Veränderung.
In der Mitte des 19. Jahrhunderts begann sich allmählich die Großindustrie zu ent-

81. Reste aus der Römerzeit in der Pester Innenstadt: Contra-Aquincum

82. Das Denkmal des großen ungarischen Dichters Mihály Vörösmarty (1800–1855) im Zentrum der Innenstadt

83. Das Ungarische Nationalmuseum. Das klassizistische Gebäude wurde 1836–1844 nach den Plänen von Mihály Pollack (1773–1855) gebaut

82

wickeln, deren erstes und bis auf den heutigen Tag wichtigstes Zentrum Pest war. Wissenschaftliche und technische Errungenschaften wurden geboren, darunter so bedeutende wie der zur Entwicklung der Elektroindustrie der ganzen Welt beitragende Transformator von dem „Erfindertrio“ der Ganz-Werke, Déri—Bláthy—Zipernowsky, oder der von dem Professor der Technischen Universität, Donát Bánki, ausgearbeitete Karburator, die Seele des Benzinmotors. Im Pester Rochus-Krankenhaus arbeitete der Bekämpfer des Kindbettfiebers, Ignác Semmelweis, dessen Leben schließlich ein tragisches Ende nahm; in Pest arbeitete der Namengeber der heutigen Budapester wissenschaftlichen Universität, Loránd Eötvös, ein großer Physiker der Jahrhundertwende.

„In der Gegenwart leben“ bedeutete auch, daß die Stadt mit den großen Bewegungen der Zeit Schritt hielt. An der Wende zum 19. Jahrhundert inspirierten die Ideen des französischen Rationalismus József Hajnóczy und die ungarischen Jakobiner. Ein halbes Jahrhundert später, im Frühjahr 1848, zog im Zeichen der bürgerlichen Revolution und der nationalen Idee die Märzjugend vom Pester Café Pilvax zum Ungarischen Nationalmuseum, um Revolution zu machen. In der zweiten Hälfte des 19. Jahrhunderts entstand hier die Bewegung der Industriearbeiterschaft.

Während sich diese Veränderungen vollzogen, entwickelte und veränderte sich auch die Stadt selbst. Die Stadtmauern — die sich den heutigen Múzeum körút, Tanács körút und die Deák Ferenc utca entlangzogen — wurden im 19. Jahrhundert von der sich entwickelnden Stadt gesprengt. Die mittelalterlichen Mauern und Tore wurden niedergerissen, heute sind, in die Mauern eingebettet, nur noch in einigen Häusern des Múzeum körút Überreste jener Zeiten zu sehen. Damals wurde Pest innerhalb von wenigen Jahrzehnten bis zum heutigen Großen Ring ausgebaut. Zur Geschichte des sich von der Donau bis wieder zurück zur Donau biegenden Großen Ringes gehört, daß sich in den fünfziger Jahren des vergan-

83

84

85

84. Der Hősök tere (Heldenplatz) zwischen Andrássy út und Stadtwäldchen

85. Das neoklassizistische Tympanon des Museums der Bildenden Künste (erbaut 1900–1906 nach den Plänen von A. Schickedanz und F. Herzog)

86. Der im byzantinischen Geschmack gehaltene Dreiecksgiebel der eklektischen Kunsthalle (erbaut 1895; Entwurf: Albert Schickedanz)

87. Das Kuppelfresko des neobarocken Széchenyibades mit der Allegorie der Dämmerung

genen Jahrhunderts an der Stelle des Ringes noch ein schmaler, sumpfiger Donauarm schlängelte. Es gab Vorstellungen zur Städteordnung, wonach der Donauarm schiffbar gemacht werden sollte. Wäre der Plan verwirklicht worden, würden heute nach dem schön gezeichneten Perspektivplan von Ferenc Reitter in den am dichtesten besiedelten, verkehrsreichen Stadtteilen von Pest Schiffe fahren. Doch es kam anders. Die dynamische Entwicklung von Pest forderte Raum; der Donauarm wurde nicht vertieft, sondern aufgefüllt und an seiner Stelle eine neue Straße gebaut.

Damit war ein typisches Element des Stadtbildes entstanden: der Große Ring (Nagykörút). Außer dem die Pester Innenstadt begrenzenden Kleinen Ring (Kiskörút) und dem konzentrisch zu ihm verlaufenden Großen Ring ist seitdem noch ein dritter, der Äußere Ring, entstanden. In unseren Tagen hat sich die Stadt schon weit über die Linie des Äußeren Rings hinaus erweitert; entsprechend dem Gesetzartikel des Jahres 1950 über Groß-Budapest wurden die früheren Randstädte der Hauptstadt eingegliedert. Seitdem hat Budapest 22 Bezirke.

Die Ringe werden von Radialstraßen geschnitten, die vom Stadtzentrum ausgehen. Unter ihnen ist die Entstehung der Andrássy út besonders erwähnenswert. Als in den sechziger Jahren des 19. Jahrhunderts das Gebiet zwischen Kleinem und Großem Ring vollkommen ausgebaut war, ließ die Stadtleitung von den besten Architekten einen Plan für eine Avenue ausarbeiten, die die überfüllten Bezirke pfeilgerade durchqueren und dadurch den ganzen Stadtteil luftiger gestalten sollte. Die Pläne für die Radialstraße (so hieß damals die Andrássy út) waren 1870 ausgearbeitet worden, und noch heute ist der Betrachter von der großzügigen urbanistischen Konzeption der Anlage begeistert. Die Straße sollte die Menschen allmählich aus der überfüllten Innenstadt in die Natur hinausführen. Deshalb ist sie im ersten Abschnitt eine gewöhnliche Stadtstraße. Dann wird sie breiter, und ihr zweiter Abschnitt gleicht mit ihren vielen Bäumen einer Allee. Darauf folgen zu beiden Seiten Villen mit Vorgärten, bis sie schließlich im Stadtwäldchen endet. Um die Radialstraße bauen zu können, mußten viele kleinere und größere Immobilien veräußert bzw. abgerissen werden, auf dem so frei gewordenen Gelände wurde die 2,3 km lange Straße angelegt. Zu beiden Seiten wurden miteinander in Einklang stehende Häuser im Neorenaissancestil gebaut, am Ende der

86

87

88

89

88. Die zur Tausendjahrfeier erbaute Burg Vajdahunyad (1896–1902). Die verkleinerte Kopie der aus dem 15. Jh. stammenden Ritterburg János Hunyadis in Vajdahunyad. Landwirtschaftsmuseum. Das Gebäudeensemble wurde von Ignác Alpár (1855–1923) entworfen

89. Der Teich im Stadtwäldchen (Városliget)

90. Das Anonymus-Denkmal im Stadtwäldchen wurde zu Ehren des namenlosen Chronisten König Bélas III. (1173–1196) errichtet

91. Frühling im Stadtwäldchen

Straße wurde zur Jahrhundertwende — dem Millennium der Landnahme durch die Ungarn — das Millenniumsdenkmal errichtet, um das sich heute der Hősök tere (Heldenplatz) ausbreitet. Am Fuße der sich in der Mitte des Platzes erhebenden Säule sind die Reiterstatuen der Führer der landnehmenden ungarischen Stämme zu sehen, mit Fürst Árpád an der Spitze. In den Nischen des Halbrundbaus im Hintergrund des Platzes stehen die Statuen hervorragender Staatsmänner der ungarischen Geschichte. Zu beiden Seiten wird der Hősök tere von dem neoklassizistischen Bau des Museums der Bildenden Künste und dem eklektischen Gebäude der Kunsthalle, in der Ausstellungen veranstaltet werden, eingesäumt.

Nach langer, wechselvoller Geschichte wurde das Stadtwäldchen zu einem der schönsten Parks von Budapest. In seinem Buch über die Geschichte der Ungarn erwähnt ihn Antonio Bonfini als Wildpark des Königs Matthias. Im 18. Jahrhundert gelangte er in den Besitz des Stadtrates, man begann mit der Trockenlegung des sumpfigen Gebietes und pflanzte Bäume an. Sein heutiges Aussehen erhielt das Stadtwäldchen um die Jahrhundertwende, als der unter dem Namen Vajdahunyad vára bekannte, die historischen Baustile vereinende Gebäudekomplex entstand. Im Stadtwäldchen befindet sich auch der 1866 gegründete Zoologische Garten.

90

91

92

92. Hotelzeile am Pester Donauufer

93. Auf den Treppen am Pester Ufer

93

Eine andere diagonale Straße Pests, die Kossuth Lajos utca, beginnt an der Donau. Hier beginnt der von den Budapestern als „Innenstadt" bezeichnete Stadtteil: Die beiden Hauptstraßen sind die Petőfi Sándor und die Váci utca, mit eleganten Geschäften, Konditoreien und Espressos. Diese beiden Straßen und die sie verbindende Kígyó utca sind eine beliebte Fußgängerzone. Die Fortsetzung der Kossuth Lajos utca, die Rákóczi út, verläuft in gerader Linie zum Ostbahnhof, wo sie sich teilt und in die äußeren Stadtteile führt. Die Rákóczi út und die Kossuth Lajos utca sind die belebtesten Geschäftsstraßen von Pest. Einst wurde ihr Charakter von der Nähe des Ostbahnhofs bestimmt; die Geschäfte und Warenhäuser zogen die aus der Provinz ankommenden Reisenden an. In der wirtschaftlichen Entwicklung von Pest spielte der Eisenbahnverkehr eine enorme Rolle. Seit der zweiten Hälfte des 19. Jahrhunderts wurde das Eisenbahnnetz so ausgebaut, daß alle Hauptlinien strahlenförmig von Budapest ausgingen, so spielte sich der Verkehr zwischen den verschiedenen Gegenden des Landes notwendigerweise über Budapest ab. Die Verkehrspolitik sollte die Entwicklung der Stadt fördern, doch ergab sich daraus später eine übertrieben auf Budapest gerichtete Zentralisation. Noch vor zwanzig Jahren konzentrierten sich zwei Drittel der ungarischen Industrie in der Hauptstadt, und es gelang nur sehr langsam, im Laufe der sozialistischen Industrieentwicklung neue Industriezentren in der Provinz zu schaffen und durch die Industrialisierung ehemaliger Landstädte das Verhältnis einigermaßen zugunsten der Provinz zu verbessern. Dessenungeachtet ist der Ostbahnhof auch heute noch ein „Haupteingang" von Budapest, und die Bedeutung der Rákóczi út ist mit dem Anwachsen des Kraftwagenverkehrs noch gestiegen, denn über diese Straße führt die „Ostwestachse" der Hauptstadt. Unter der Rákóczi út verläuft die Ostwesthauptlinie der Metro. Einst hatte Budapest auf dem Gebiet des Untergrundbahnbaus eine Pionierrolle gespielt, denn die Untergrundbahn, die unter der heutigen Andrássy út verläuft, wurde 1896 in Betrieb genommen und war die erste auf dem Kontinent, nur die Londoner „tube" war älter. In den nächsten Jahrzehnten bauten zahlreiche Metropolen ihre Metros, nur die Budapester Strecke blieb seit der Zeit der Millenniumsfeiern unverändert. Der Bau der Budapester Metro begann in den fünfziger Jahren, die erste Linie wurde 1970 dem öffentlichen Verkehr übergeben. Zur Zeit sind außer der alten „kleinen Untergrundbahn" noch zwei Metro-Linien in Betrieb.

Die Stadt Liszts, Adys, Bartóks und Attila Józsefs

Im großen Saal des Gasthauses „Zu den Sieben Kurfürsten" gab im Frühjahr 1823 ein elfjähriger Junge ein Klavierkonzert. Noch hatte der Name Franz Liszt keinen Weltruhm, doch das Pester Publikum erkannte in dem Wunderkind bereits das Genie; über das erste Pester Konzert Liszts schrieb der Berichterstatter des Blattes „Ha-

4

96

5

97

94. Das Hotel Taverna in der Váci utca

95. Der Pariser Hof (Párizsi udvar)

96. Auf dem Vörösmarty tér

97. Eine der ältesten Statuen der Stadt auf dem Ferenciek tere

98. Detail des Danubiusbrunnens (aus dem Jahre 1883) auf dem Erzsébet tér

99. Mietshaus im Neorenaissancestil in der Andrássy út (erbaut zwischen 1879 und 1881)

100. Die Synagoge in der Dohány utca (Mitte des 19. Jh.)

99

100

zai és Külföldi Tudósítások" (In- und Ausländische Reportagen) folgendes: „Nach der Ouvertüre von Friedrich Schneider spielte der junge Meister ein großes Conzert und die großen Variationen von Moscheles ... sodann nach dem damals aufgegebenen Thema wunderbare Variationen aus freier Phantasie. — In allem zeigte der schöne blonde Junge solche Geschicklichkeit, Leichtigkeit, Präzision, Gefühl, Kraft und meisterhafte Griffe, daß er das ganze edle Publikum mit Wonne erfüllte und zur Bewunderung hinriß. Bei seinem großartigen Spiel erfüllte den einen oder anderen schon jene angenehme Hoffnung, daß er auf der Laufbahn der schönen Künste zum Ruhme unserer Heimat gelangen werde." Anderthalb Jahrzehnte später konnte der Berichterstatter anläßlich eines dramatischen Ereignisses über das Pester Konzert des bereits weltberühmten Künstlers schreiben: Im Nachwinter des Jahres 1838 überflutete die Donau die Stadt; die aufgestauten Eisblöcke ließen die sich infolge des Tauwetters angesammelten Wassermassen nicht abfließen, die eisige Flut durchbrach die Dämme, und ganz Pest sowie große Teile von Buda und Óbuda standen unter Wasser. Tausende von Häusern fielen zusammen, nur die aus Stein gebauten oder auf einer Anhöhe befindlichen Gebäude entgingen der Vernichtung. Die Katastrophe ohnegleichen hatte in ganz Europa ein starkes Echo, von überallher wurde der Stadt Sympathie und Unterstützung entgegengebracht. Liszt eilte aus Paris heim, um inmitten der Ruinen und des Leides Trost und Hilfe zu spenden. Er gab eine ganze Reihe von Konzerten zu Wohltätigkeitszwecken, die ergreifenden, packenden,

unvergeßlichen „Hochwasserkonzerte". Aus den Einnahmen wurden Schulen aufgebaut; wichtiger aber als diese Tatsache war die moralische Initiative, die Ermutigung, die Liszt der vom Scheintod zum Leben erwachenden Stadt gab.
Das zwischen Weimar, Bayreuth, Rom und Paris umherziehende Genie verband sein Leben in den späteren Jahrzehnten immer fester mit Budapest. Nach Gelegenheitskonzerten und -besuchen ließ er sich endgültig in Ungarn nieder. Seine erste Budapester Wohnung lag in der Nähe der Innenstädtischen Pfarrkirche, der ältesten Kirche von Pest. Bald wurde sie zum Treffpunkt der Künstler und Schriftsteller sowie später zur Wiege, zum Ausgangspunkt jener Institution, die bis auf den heutigen Tag das Herz des ungarischen Musiklebens ist: der ungarischen Musikakademie. In drei Zimmern von Liszts Wohnung am Donauufer begann 1875/76 der Unterricht mit vier Lehrern und 38 Studenten. Einige Jahre später siedelte die Musikakademie in Liszts neues, größeres Heim in der Radialstraße 67 — heute Andrássy út — über. Das gegenwärtige Gebäude der Musikakademie wurde in den ersten Jahren unseres Jahrhunderts erbaut, das Gebäude steht auf dem Platz, der den Namen des Begründers und ersten Präsidenten der Musikakademie trägt: Ferenc (Franz) Liszt. Von der Fassade des Gebäudes blickt die sitzende Statue von Liszt zum Platz herüber. Die Verbindung zwischen Vergangenheit und Gegenwart besteht aber nicht nur im Bronzedenkmal, in der Marmor-Gedenktafel und im Gedenkmuseum, das aus Liszt-Reliquien eingerichtet wurde. Die Wirklichkeit ist viel stärker und leben-

101

101. In der Innenstadt sind noch einige für die Jahrhundertwende charakteristische Gebäude zu sehen, wie z. B. das sog. Thonet-Haus in der Váci utca

102. Der Servitenplatz (Szervita tér). Die großen Fenster des mit einem farbigen Mosaik geschmückten ehemaligen Bankgebäudes waren zu ihrer Zeit — 1906 — die Vorläufer der modernen Architektur

103 

104 

103. Fassade eines Gebäudes im Jugendstil (erbaut 1909; Entwurf Henrik Schmahl) in der Kossuth Lajos utca 5

104. Das Gesims der ehemaligen Postsparkasse (erbaut 1899–1902), in dem heute die Nationalbank ihren Sitz hat

diger. Hier auf der Musikakademie lernte und lehrte später Béla Bartók, in dessen ersten bedeutenden Werken unmißverständlich die Inspiration der späten, für die moderne Musik bahnbrechenden Werke Liszts zu erkennen ist. Hier wirkte Zoltán Kodály, Bartóks Gefährte, bei der gewaltigen Sammlertätigkeit, in deren Verlauf sie auf Tausenden von Phonographenwalzen und in Form von Noten die wunderbar reiche Welt der Volksmusik festhielten. Hier arbeitete Kodály die nach ihm benannte Methode des Gesang- und Musikunterrichts aus, die heute in Ungarn als organischer Bestandteil des Schulunterrichts die Musiksprache Hunderttausender entwickelt und formt — und nicht nur in Ungarn, sondern sogar in Ländern jenseits des Ozeans. In dieser Musikakademie werden heute — ebenso wie in der Vergangenheit — die neuen Generationen der ungarischen Komponisten und Berufsmusiker ausgebildet.

Auf die gleiche Weise kann man auch in der Literatur, im Theater, im Film und in der bildenden Kunst jene Fäden verfolgen, die aus der Vergangenheit in die Gegenwart führen. Nicht weit von der Musikakademie steht das Denkmal des Dichters Endre Ady, eines Poeten, der an der Jahrhundertwende, als die neuen Ideen erstarkten, die führende Persönlichkeit des geistigen Lebens in Ungarn war. In seinen Gedichten herrschen müde Todesstimmung und politische Klarsicht, selbstquälerische Verse sind ebenso charakteristisch wie sein kühner revolutionärer Gedankenflug. Um die damals gegründete Zeitschrift „Nyugat" (Westen) scharten sich Schriftsteller, Dichter, Kritiker, Maler und Bildhauer, die die ungarische Kunst erneuern wollten und auch konnten. Die Veränderung, die sie herbeiführten, formte auch das Antlitz der Stadt. Im Zeichen der Suche nach Neuem wurde die „art nouveau" die für eine ganze Epoche charakteristische Stilrichtung. Die damals entstandenen Schöpfungen verleihen dem Stadtbild eine eigene Atmosphäre, angefangen von den Palais im Jugendstil in der Umgebung des Ferenciek tere bis zur ehemaligen Postsparkasse. In der Malerei vertrat József Rippl-Rónai — der in seiner Jugend ein Mitglied der Pariser Nabis war — die neuen Bestrebungen am prägnantesten; dagegen schuf der unverstandene Meister Tivadar Csontváry-Kosztka seine visionären surrealistischen Gemälde in völliger Einsamkeit.

Budapest war lange Zeit eine Stadt, in der deutsch und ungarisch gesprochen wurde. Die während des Wiederaufbaus im 18. Jahrhundert und der stürmischen Entwicklung im 19. Jahrhundert angesiedelte Bevölkerung war zum Großteil aus den deutschsprachigen Provinzen des Habsburgerreiches gekommen. Doch innerhalb von ein, zwei Generationen trat eine interessante Veränderung ein; ohne äußeren Einfluß, einfach infolge der anziehenden Lebensweise und Kultur, wurde die anderssprachige Bevölkerung der Stadt allmählich ungarisch. Einen nicht geringen Anteil daran hatte das Theater und innerhalb dessen die leichte Muse, die als „Volksschauspiel" in die ungarische Theatergeschichte eingegangen ist. Das erste offizielle ungarischsprachige Theaterensemble debütierte 1790 im Budaer Burgtheater, später wurden die Vorstellungen eine Zeitlang im Rondell der Pester Stadtmauer abgehalten. Dann gaben jahrzehntelang nur Provinzensembles Vorstellungen im Saal des einstigen Hacker-Hauses, Tanács körút 7, bis im Sommer 1837 das neue Nationaltheater seine Pforten öffnete und ein zu diesem Anlaß geschriebe-

105

105.–106. Das Opernhaus im Neorenaissancestil wurde nach den Plänen von Miklós Ybl zwischen 1875 und 1884 errichtet

107. Ansicht von Pest, im Vordergrund die Elisabethbrücke

106

nes Werk des Dichters Mihály Vörösmarty aufgeführt wurde. In einem zeitgenössischen Bericht heißt es: „Das Publikum verhielt sich, wie man erwartet hatte ... ernst und völlig vertieft in die alle Achtung erfordernde, rein patriotische Freude. In dieser Geräuschlosigkeit steckten Erstaunen, tiefe Gefühle und die Würde eines sich selbst achtenden Volkes." Das erste ungarische Theater — das Nationaltheater — war aus öffentlichen Spenden in Pest erbaut worden, es stand am heutigen Múzeum körút Ecke Rákóczi út. Im Verlauf einer späteren Stadtregulierung wurde das Gebäude abgerissen. Sein Zustandekommen war zu seiner Zeit ein wichtiger Sieg im Kampf um die nationale Sprache und Kultur. Seine Anziehungskraft auf die Massen war besonders groß, da nicht nur Prosa, sondern auch Opern gespielt wurden, ganz bis zum Jahre 1884, als die Ungarische Staatsoper ihre Pforten öffnete. Ihr Gebäude im italienischen Renaissancestil steht in der Andrássy út. Der erste Direktor der Staatsoper war Ferenc Erkel, der Pionier der ungarischen Opernliteratur. Später stand ihr eine Zeitlang Gustav Mahler vor.

Heute hat Budapest noch eine zweite Oper, die den Namen Ferenc Erkels trägt. Die reiche Theaterkultur entfaltete sich systematisch, sie ist auch heute, wo es in Budapest 25 Prosa- und Musiktheater gibt, von ausschlaggebender Bedeutung im kulturellen Leben der Stadt.

Als Thomas Mann während seiner Budapester Besuche aus seinem Roman vorlas, befand sich im überfüllten Zuschauerraum ein junger Lyriker: Attila József. Ursprünglich war er zu der Dichterlesung gekommen, um sie mit seinem zu diesem Anlaß geschriebenen Gedicht einzuleiten. Aber es kam anders. Die Polizei ließ nicht zu, daß der die Ideen des Humanismus verkündende Lyriker sein Gedicht vortrug. Erst viel später erschien in einer Zeitschrift sein Gedicht „Thomas Mann zum Gruß".

„Das ist's: Wenn du sprichst, brennt noch unser Licht,
es leisten auf ihr Mannsein nicht Verzicht
die Männer, Frauen lächeln wunderbar,
noch gibt es Menschen (doch sie wurden rar ...).
Setz dich! Fang an! Laß uns dein Märchen hören!
Und manche — doch sie werden dich nicht stören —
schauen dich nur an. Sie wollten zu dir gehn,
den Europäer unter Weißen sehn ..."
(Nachdichtung von Stephan Hermlin)

Das Donauknie

109

0

109. Die griechisch-orthodoxe serbische Bischofskirche in Szentendre

110. Szentendre, die Stadt der Kirchen

111. Kaufmanns- und Bürgerhäuser auf dem Hauptplatz (Fő tér)

Budapest am nächsten liegt das pittoreske, vielfarbige Szentendre, seit Generationen eine Stadt der Künstler. Seit sich zu Beginn unseres Jahrhunderts Károly Ferenczy, der Meister der postimpressionistischen Malerei, hier niedergelassen hatte, folgten ihm Maler, Bildhauer, Keramiker aus mehreren Generationen, die alle Szentendre zu ihrem Wohn- und Schaffensort wählten. Hier arbeiteten Lajos Vajda, der größte surrealistische Künstler in der Zeit zwischen den beiden Weltkriegen; Béla Czóbel, ein ungarisches Mitglied der Fauves, der bis Mitte der siebziger Jahre unseres Jahrhunderts die eine Hälfte seiner Zeit in seinem Pariser und

Aus Österreich kommend, fließt die Donau in westöstlicher Richtung und bildet auf einer Strecke von mehr als 100 km die Grenze zwischen Ungarn und der Tschechoslowakei. Zu beiden Seiten des Stromes breiten sich fruchtbare Ebenen aus, nur von Süden her ziehen sich sanfte Erhebungen heran, die aber den Weg des Flusses nach Osten nicht stören. Hinter Esztergom verändert sich die Landschaft plötzlich. Im Süden versperrt das Visegráder Gebirge, im Norden das Börzsönygebirge den riesigen Wassermassen, die sich zwischen den 600 bis 700 Meter hohen Bergen hindurchzwängen, den Weg. Zuerst bilden sie fast einen See, dann fließen sie in einem Engpaß weiter und setzen in einem gewaltigen Halbbogen ihren Weg nach Süden fort. Dort, wo sich Fluß und Berge treffen, liegt eine der malerischsten Gegenden Ungarns: das Donauknie. An beiden Ufern des breiten Flusses befinden sich riesige, bis ans Ufer herabreichende Wälder, phantastisch geformte Felsen und mittelalterliche Burgruinen. Zwischen den Bergen liegen einige kleine Dörfer, die auch heute noch ihre Volkstrachten und die Traditionen der Volksbräuche bewahren. An den Ufern gibt es abwechslungsreiche, interessante Städte. Naturschönheiten, historische Denkmäler und das pulsierende Leben unserer Zeit — dies alles bildet zusammen das Donauknie.

111

1

112

114

1

116

die andere in seinem Szentendrer Atelier verbrachte; und Jenő Barcsay, der dank seiner den Konstruktivismus mit dem Realismus vereinenden Werke zu den hervorragenden Malern unserer Zeit gehört … Szentendre liegt an den Abhängen des Pilisgebirges in einer wunderschönen Umgebung; die engen, gewundenen Gäßchen, die mit farbigen Ziegeln gedeckten Häuser und die schmiedeeisernen Aushängeschilder bieten auf Schritt und Tritt malerische Motive. Doch wurde das Städtchen nicht nur deshalb zu einem Zentrum der ungarischen Kunst. Szentendre übt eine besondere Anziehungskraft aus, die vielleicht daher rührt, daß sein Antlitz durch das Aufeinandertreffen zweier Kulturen geformt wurde. Als Belgrad 1690 wieder in die Hände der Türken geriet, traf eine riesige Welle von Flüchtlingen in Szentendre ein. Die vor den Türken fliehenden Serben ließen sich unter der Führung ihres Patriarchen Arsen Černojevič hier nieder und errichteten in der Nähe der heutigen Schiffsanlegestelle an der Stelle des „Gedenkkreuzes des Zaren Lazar" ihre erste Holzkirche. Später, als die Ansiedler durch Handel, Handwerk und Weinbau zu Wohlstand gelangt waren, ließen sie schöne Kirchen bauen und brachten die prawoslawische sakrale Kunst byzantinischen Stils zur Blüte. Im Verlauf der Jahrhunderte ging die Zahl der serbischen Ansiedler durch Rückwanderung in die Heimat und Heirat mit Ungarn stark zurück, doch bis auf den heutigen Tag bewahren die Ikonostasen der alten Kirchen, die Grabsteine auf den Friedhöfen, die alten Herrenhäuser, die „sadruga", das Orientalische, das sich harmonisch in das heutige Stadtbild einfügt. Szentendre ist ein lebhaftes kulturelles Zentrum, hier werden jeden Sommer auf dem Fő tér vor der Blagoveštenska-Kirche Freilichtspiele veranstaltet, die ein großes Publikum anziehen. Am Rande der Stadt wurde ein Freilichtmuseum mit typisch ungarischen Bauwerken geschaffen, im Museum von Szentendre sind bemerkenswerte Schöpfungen der Malerei, Bildhauerei und Keramik des 20. Jahrhunderts zu sehen. Im Ausstellungssaal der Künstlerkolonie zeigen temporäre Schauen Werke der Gegenwartskünstler. Interessant hinsichtlich der kulturellen Entwicklung der Stadt ist die Sammlung serbischer Kirchenkunst, deren Meisterwerke beweisen, wie sich die Züge der prawoslawischen Kunst im Verlauf des jahrhundertelangen Zusammenlebens mit dem lokalen Kolorit vereint haben.

112. Das Gebäude der einstigen serbischen Schule ist heute ein Museum

113. Die sich launisch schlängelnden Straßen sowie das Gespinst romantischer Treppen und enger Gäßchen verleihen der Stadt einen mediterranen Charakter

114. Das barocke Hauptportal der griechisch-orthodoxen serbischen Blagoveštenska-Kirche

115. Das Prachtportal der serbischen Bischofskirche

116. Das Kreuz der Gerberzunft und der Turm der Preobraženska-Kirche

117

Kaum 10 km nördlich von Szentendre kommt man entlang der Donau über Leányfalu, Tahi und andere Erholungsorte zum Herzen des Donauknies, nach Visegrád.
Die Geschichte von Visegrád ist reich an Geheimnissen und Dramen. Der sich nahe dem Fluß erhebende Donjon heißt „Salomonturm", da hier der Sage nach im frühen Mittelalter ein ungarischer König namens Salomon von Aufständischen gefangengehalten worden war.
Die Hochburg war im 14. Jahrhundert Residenz König Karl Roberts von Anjou; hier tagte 1335 der „Visegráder Kongreß", an

118

dem die Könige von Ungarn, Polen und Böhmen teilnahmen und beschlossen, im Interesse des Aufschwungs des Handels gemeinsam gegen das Stapelrecht Österreichs aufzutreten. Im Jahre 1330 fand hier eine blutige Tragödie statt: Felicián Zách verübte ein Attentat auf den König, zur Vergeltung wurde er mit seiner ganzen Familie ausgerottet.
Unterhalb der Hochburg erheben sich zwischen Berg und Fluß die Mauern des Marmorpalastes von König Matthias Corvinus. In einem seiner Höfe sind ein gotischer Kreuzgang sowie ein Springbrunnen aus rotem und weißem Marmor, an einer anderen Stelle ein Prunkhof, der einst mit Statuen geschmückt war, und Fragmente von Bänken zu sehen, auf denen sich einst der ungarische Renaissancekönig mit seinen Gästen oder den Humanisten seines Hofes unterhielt. Weiter oben liegen Terrassen, von denen man einen Blick auf die sich bis zur Donau erstreckenden Gärten werfen konnte

117. Die mittelalterliche „Hochburg" auf dem Gipfel des Burgberges

118. Die Ruinen des Renaissancepalastes von König Matthias

119. Der sog. Salomonturm in Visegrád. Das 32 m hohe, fünfstöckige romanische Gebäude wurde Mitte des 13. Jh. erbaut

119

120

12

12

120. Im Palast des Königs Matthias bewahren die Bauelemente größtenteils noch die Traditionen der Gotik, die ungarischen Herrscher hatten bereits im 14. Jh. mit dem Bau begonnen

121.–122. Details des marmornen Renaissancebrunnens auf dem Prunkhof des Palastes

123. Mauerteil mit dem Wandbrunnen

sowie auf die Kapelle, in der vielleicht die freigelegte Visegráder Madonna stand.

Eines der traurigsten Kapitel in der Geschichte Ungarns und Visegráds ist die Geschichte dieses Marmorpalastes mit seinen 350 Zimmern. Miklós Oláh, der Sekretär des Königs und spätere Erzbischof von Esztergom, der die Schönheit des Renaissancepalastes vor der Schlacht bei Mohács und der Türkenbesetzung in einem Buch beschrieb, das er in der Brüsseler Emigration zu Pergament gebracht hatte, war selbst längere Zeit in Visegrád gewesen. Dann vergingen Jahrhunderte. Das märchenhafte Schloß, zwischen dessen Mauern der päpstliche Legat einen Brief nach Rom mit den Worten „Aus Visegrád, dem Paradies auf Erden" begann, zerfiel, wurde völlig vernichtet und verschwand schließlich spurlos unter der Erde. Noch zu Beginn unseres Jahrhunderts hielt man die Berichte über den Palast für unglaubwürdig und die Beschreibung von Miklós Oláh in „Hungária" für den Traum einer überhitzten, nostalgischen Phantasie. Nur ein einziger Archäologe suchte mit dem Eifer eines Besessenen unermüdlich nach dem Palast des Königs Matthias, Oláhs Aufzeichnungen in der Hand, wie Schliemann seinerzeit mit der Ilias in der Hand nach Troja suchte. Dieser ungarische Archäologe hieß János Schulek und hatte seine Leidenschaft für die Erforschung der Vergangenheit geerbt: Sein Vater war der Architekt Frigyes Schulek, der unter anderem die Budaer Matthiaskirche restauriert hatte. János Schuleks Forschungen blieben jahrelang erfolglos, bis an einem Weihnachtstag Schulkinder die gute Nachricht brachten: Ein Weinbauer in Visegrád war bei Vergrößerungsarbeiten an seinem

123

Keller auf alte Mauerreste und geräumige Höhlen in seinem Hof gestoßen. Schulek eilte sofort hin, noch bevor der Bauer aus Angst vor dem Spaten der Archäologen die Überreste verschwinden lassen konnte, und so war es gelungen, den Ausgangspunkt für die Ausgrabungen des Matthias-Palastes zu finden. Die Arbeiten begannen in den dreißiger Jahren unseres Jahrhunderts, gingen aber nur sehr langsam voran. Die Freilegung wurde schließlich erst nach dem Zweiten Weltkrieg verwirklicht. Bis heute sind die meisten Teile des riesigen Palastkomplexes ausgegraben worden; die Funde, Plastiken, Reliefs und andere Gegenstände füllen ein ganzes Museum. Auch in der Hochburg wurden großangelegte Ausgrabungs- und Konservierungsarbeiten vorgenommen. Von ihren Basteien und Balkons kann das gesamte Panorama des Donauknies erfaßt werden. Man gewinnt einen weiten Ausblick auf die sich östlich der Donau erstreckenden Berge und Täler; am Ufer des Flusses blinken zwischen bis an die Donau reichenden grünen Wäldern weiß die Erholungsheime von Nagymaros und Zebegény; weiter entfernt, in den hochgelegenen Tälern zwischen Börzsöny- und Cserhátgebirge, haben einige kleine Dörfer die Folklore infolge ihrer Abgeschiedenheit sehr lange bewahrt.

124

ESZTERGOM

Esztergom liegt im Nordwesten des Donauknies, am Tor, das der Fluß durch das Gebirge gebrochen hat. Es ist eine uralte Siedlung; an ihrer Stelle erhob sich erst eine keltische und dann in den ersten Jahrhunderten n. Chr. eine römische Stadt. Strigonium war eine wichtige Festung des Limes, des Grenzsystems des Römischen Reiches. Mark Aurel, römischer Kaiser und Philosoph, besuchte sie mehrmals und schrieb hier in den Kampfpausen des Feldzuges gegen die Quaden seine bekannten „Selbstbetrachtungen". Nach der Landnahme der Ungarn war Esztergom jahrhundertelang königliche Residenz; 972 ließ sich der letzte Fürst der Ungarn, Géza, hier einen Palast bauen, und hier wurde sein Sohn Vajk, der spätere erste König der Ungarn, Stephan, geboren. Zehn Jahre nach seiner Krönung in Esztergom ließ Stephan der Heilige auf dem Burgberg eine Kathedrale errichten. Der königliche Palast wurde von den späteren Herrschern aus dem Arpadenhaus weiter ausgebaut; am Ende des 12. Jahrhunderts war er einer der bedeutendsten Palastkomplexe Europas. Nach dem Mongolensturm in der Mitte des 13. Jahrhunderts wurde Buda das politische Zentrum des Landes; von da an trat die Bedeutung Esztergoms als Zentrum der katholischen Kirche Ungarns in den Vordergrund. Der Hof des Erzbischofs von Esztergom stand im 15. Jahrhundert im Mittelpunkt des kulturellen Lebens, als János Vitéz, ein Freund Pier Paolo Vergerios, Erzbischof wurde; er führte die Ideen des Humanismus in Ungarn ein. Aus der Zeit des Erzbischofs János Vitéz stammen die bei den archäologischen Ausgrabungen freigelegten Renaissancefresken, die Allegorien der Kardinaltugenden. Zu Beginn des 16. Jahrhunderts ließ der damalige Erzbischof Tamás Bakócz die heute in einem Seitenschiff der klassizistischen Basilika wiedererbaute Renaissancekapelle errichten, die ein wahres Meisterwerk ist.

Das heutige Antlitz von Esztergom wurde auf tragische Weise in den Jahrhunderten geformt, die auf die Blütezeit der Renaissance folgten. Während der Türkenbesetzung wechselte die Stadt mehrmals ihren Besitzer. Bei der ersten Belagerung — als der Kapitän György Pálffy sie gegen die Türken verteidigte — schütteten die ungarischen Burgverteidiger bei Schanzarbeiten einen großen Teil des mittelalterlichen Palastes auf. Lange Zeit befand sich die Stadt in den Händen der Türken, bis sie am Ende des 16. Jahrhunderts für 10 Jahre wieder den Ungarn zufiel. Während der langjährigen Belagerung fand hier in einer Schlacht der erste bedeutende ungarische Dichter, Bálint Balassi, den Tod; in jenen Jahren besuchte Monteverdi Esztergom, als er im Lager des Herzogs von Mantua weilte, der an der Belagerung teilnahm. Später geriet die Stadt erneut in türkischen Besitz; diesmal fielen der mittelalterliche Palast und die

124. Das Bischofspalais und die mittelalterliche Burg in Esztergom

125. Über der Stadt Esztergom erhebt sich die 1822–1869 erbaute klassizistische Kathedrale

125

ENT ANGELI ASSUM
S.GREGORIUS

27

28

Kathedrale der Vernichtung anheim. Einzig die Kapelle des Bischofs Bakócz am Bergabhang blieb erhalten. Die Kathedrale, deren Kuppel das dominierende Element der heutigen Stadt ist, wurde im 19. Jahrhundert nach den Plänen von Paul Kühnel und Johann Packh erbaut; beendet wurden die Arbeiten schließlich von dem hervorragenden Architekten des Klassizismus, József Hild. Am 31. August 1856 fand die Weihe der größten Kirche Ungarns statt. Vor Beginn der Bauarbeiten wurde der Burgberg planiert; während der Erdarbeiten verschwanden die letzten noch sichtbaren Mauern des mittelalterlichen Palastes. Zum Glück wurde die Bakócz-Kapelle vor der Vernichtung bewahrt. Nachdem ihr genauer Bauplan aufgezeichnet worden war, wurde sie so zerlegt, daß man jeden Stein und jedes plastische Werk numerierte. Die Kapelle wurde dann im Originalzustand in ein Seitenschiff der Kathedrale eingebaut.

Die Kirche, die den Grundriß eines griechischen Kreuzes hat, beherbergt in ihrem Inneren und in der Krypta zahlreiche wertvolle Plastiken, Altarbilder und Grabdenkmäler. In der Kathedrale befindet sich die reichste Kirchenschatzkammer Ungarns,

129

126. Feierliche Investitur des Fürstprimas im Dom zu Esztergom

127.–128. Allegorische Darstellung der Tugenden Stärke und Mäßigkeit in der Burg von Esztergom (um 1490). Sie schmückten wahrscheinlich das Wohngemach von János Vitéz

129. Die marmorne Bakócz-Kapelle (erbaut zwischen 1506 und 1511)

130

130. In der Schatzkammer der Kathedrale wird das Prunkkreuz des Königs Matthias aufbewahrt; die aus dem 15. Jh. stammende, 72,5 cm hohe, mit Perlen und Email verzierte Goldschmiedearbeit ist eine weltberühmte Schöpfung des Renaissance-Kunsthandwerks

131. Pfarrkirche der Wasserstadt in Esztergom (erbaut zwischen 1728 und 1788), daneben das Erzbischofspalais und das Christliche Museum

132. Meister M. S.: Kreuzigung (Tafelbild), 1506. Christliches Museum zu Esztergom

darunter eine Friedenskußtafel aus dem 12. Jahrhundert, ein Apostelkreuz aus dem 15. Jahrhundert, der 1440 gefertigte Suky-Kelch sowie eine hervorragende Schöpfung der europäischen Goldschmiedekunst, das Prunkkreuz des Königs Matthias. Wie sich später herausstellte, war es ein Glück, daß der Burgberg während der türkischen Belagerung aufgeschüttet worden war: Die dicke Erdschicht hatte die wichtigsten Teile des mittelalterlichen Palastes vor der Vernichtung bewahrt, und als in den dreißiger Jahren unseres Jahrhunderts mit den Ausgrabungen begonnen wurde, kamen das Prunktor der Westfassade, die „Porta Speciosa", und die mit Fresken italienischer Meister verzierte königliche Kapelle zum Vorschein.

Im Zuge späterer Ausgrabungen wurden auch Renaissanceräume aus dem 15. Jahrhundert erschlossen, an deren Gewölben die Planeten und die Symbole des Tierkreises und an deren Wänden Fresken und die eingeritzten Namen der Helden, die die Burg verteidigten, zu sehen sind.

Der heutige Sitz des Erzbischofs von Esztergom befindet sich in der barocken, stimmungsvollen Wasserstadt zwischen Burgberg und Donau. In einem Flügel des Primaspalastes ist das 1875 von dem Bischof János Simor gegründete Christliche Museum, das später Kardinal Arnold Ipolyi durch seine wertvolle Sammlung bereicherte, untergebracht. Die Gemäldegalerie des Museums beherbergt eine Sammlung hervorragender Schöpfungen der mittelalterlichen bildenden Kunst in Ungarn, u. a. Altarbilder des Meisters M. S. und den Altar

1

INRI

133

134

133.–134. Wasser, Sonne, Ruhe ... das Donauknie ist ein idealer Lagerplatz

135. Die vom Schwarzwald bis zum Schwarzen Meer fließende Donau ist einer der größten Flüsse Europas, sie verbindet sieben Länder

von Thomas de Coloswar. Von besonderem Wert sind auch die italienischen Bilder des 14. und 15. Jahrhunderts. Im Primaspalast befindet sich auch das Bischofsarchiv mit reichhaltigem mittelalterlichem Material, während im romantischen Gebäude der Bibliotheca illuminierte Kodizes aus dem 12., 15. und 16. Jahrhundert sowie ein Corvinus-Kodex aus dem Jahre 1477 und zahlreiche Wiegendrucke aufbewahrt werden, Dokumente der mittelalterlichen Kultur in Ungarn, die trotz Mongolensturm, Türkenbelagerung und vieler Kriege bewahrt werden konnten.

Von Budapest aus führt der Weg am Ostufer der Donau in Richtung Donauknie an Erholungsheimen mit Gärten vorbei. Danach folgt eine interessante Kleinstadt: Vác. Hier herrschen Barock- und Zopfstil vor, und zwar von beiden die reichen Varianten, was bei dieser kleinen Donaustadt unverständlich ist, wenn man nicht weiß, daß es im 18. Jahrhundert eine lange Periode gab, in der der mächtige und reiche Kardinal Migazzi, Fürstbischof von Wien, gleichzeitig auch Bischof von Vác war. Mit seinem Namen ist der Bau des gewaltigen Doms verbunden, dessen Fassade von zwölf korinthischen Säulen getragen wird und dessen Kuppel sich in gigantischer Höhe über den Häusern der Stadt erhebt. Der Dom wurde zwischen 1760 und 1777 nach den Plänen des hochbegabten Isidore Canevale errichtet. Die Fresken von Maulbertsch heben die Schönheit des Inneren besonders hervor. Man kann jedoch beim Anblick des Triumphbogens ein Lächeln kaum unterdrücken, erhebt er sich doch wie eine seltsame Vision über den erdgeschossigen Häusern — die Nachwelt an die unübertroffene Loyalität Migazzis erinnernd, da der Triumphbogen (der einzige in Ungarn!) anläßlich des Besuches von Maria Theresia in Vác errichtet worden war. Das typische Gepräge verleihen der Stadt die Barockhäuser um den Március 15. tér, die fast unverändert das Stadtbild des 18. Jahrhunderts heraufbeschwören.

Nördlich von Vác reichen die Ausläufer des Börzsönygebirges immer näher ans Donauufer heran. An den Abhängen der bewaldeten Berge und am Flußufer reihen sich Erholungsorte aneinander: Verőce, Nagymaros, Zebegény. Von Zebegény und von den darüberliegenden Erhebungen aus hat man einen herrlichen Blick über das Donauknie.

135

Transdanubien

137

136. Typische transdanubische Hügellandschaft, die man, auf die ehemalige römische Provinz verweisend, auch „pannonische Landschaft" zu nennen pflegt (S. 90–91)

137. Römischer Grabstein mit einer Opferszene aus der Balatongegend

138. Grabstein aus dem 2. Jh. v. Chr. Freilichtmuseum von Tác

139. Detail des Steinsarkophags im Mausoleum, Ruinengarten in Székesfehérvár. Hier ruht Stephan der Heilige, der erste ungarische König

Zu Beginn der sechziger Jahre unseres Jahrhunderts erregte internationales Aufsehen, daß eine ungarische paläontologische Forschergruppe im westungarischen Vértesgebirge die ältesten Überreste des Urmenschen in Europa fand. Den mehr als 500 000 Jahre alten Vormenschen, von dessen Schädelknochen ein Stück im Berggestein erhalten geblieben ist, taufte der Leiter der Forschergruppe, László Vértes, voller Humor „Samu". Alljährlich suchen Zehntausende von Neugierigen das kleine Museum in Vértesszőlős auf, das ihm zu Ehren eingerichtet wurde. Man hält es für ganz selbstverständlich, daß der älteste Fund des menschlichen Seins in Ungarn gerade aus dem Boden Transdanubiens hervorgegangen ist. Westungarn (das die Ungarn, von der Mitte aus gesehen, „jenseits" der Donau nennen) ist nämlich bekanntlich jener Teil Ungarns, wo seit den ältesten Zeiten eine kontinuierliche menschliche Zivilisation existiert, die trotz der aufeinanderfolgenden Völker die Traditionen bewahrt und weitervererbt hat. In der frühen Epoche der Menschheitsgeschichte lebten hier Kelten; die Erinnerung an ihre Siedlungen bewahren kunstvolle Eisenarbeiten, meisterhaft geformte Tongefäße und Statuen. An die Römer, die das Gebiet eroberten und Pannonien nannten, erinnert eine ganze versunkene Welt. Überall in Transdanubien kommen bei Erdarbeiten noch heute Überreste aus der Römerzeit zum Vorschein. Das römische Erbe ist im Strudel der Völkerwanderung nicht völlig verschwunden. Die Goten, Langobarden, Gepiden, Awaren, Franken und Slawen haben auch inmitten der Kriege vieles bewahrt und einander weitergegeben. Die blühenden Reben am Ufer des Balaton (Plattensee) z. B. waren während der Herrschaft Claudius' I. von römischen Legionen angebaut worden, die darauffolgenden Völker pflegten sie weiter, bis schließlich die landnehmenden Magyaren die Kunst des Weinbaus übernahmen und nun ihrerseits weiter ausübten. Wie sehr die jahrtausendealte Tradition bewahrt wurde, beweist die Tatsache, daß noch am Anfang unseres Jahrhunderts viele ungarische Weinbauer typisch römisch

geformte Schneidemesser zum Stutzen der Balatoner Rebstöcke benutzten.
In der Nähe der kleinen Gemeinde Tác unweit vom Balaton wurden im Laufe der Ausgrabungen die Überreste der Stadt Gorsium aus der Römerzeit freigelegt. In situ sind hier Teile von zahlreichen Gebäuden und Straßen der ca. achttausend Einwohner zählenden einstigen Stadt zu sehen, in einem Freilichtmuseum werden die bei den Ausgrabungen zum Vorschein gekommenen Statuen, Steinmetzarbeiten, Grabsteine und Säulen aufbewahrt.
Transdanubien ist eine sehr abwechslungsreiche Gegend. Im Westen, nahe der österreichischen Grenze, erheben sich die Aus-

140

140. Bronzeplastik aus dem Freilichtmuseum in Tác

141. Mittelalterliche Steinbrücke im Kű-Tal am Balaton

141

142

143

142. Das im Stil der englischen Gotik gehaltene Schloß der Familie Brunswick in Martonvásár. Das romantische Gebäude wurde 1875 aus dem ehemaligen Barockschloß umgestaltet

143. Zum Schloß gehört ein großer Park mit einem See und einer künstlichen Insel

144. Der Velencer See

läufer der Alpen in 600 bis 700 m Höhe. Im Süden herrscht mediterranes Klima. Im Norden, in der fruchtbaren Kleinen Tiefebene, wurden bedeutende Industriezentren geschaffen. In der Mitte liegt der größte See Mitteleuropas, der Balaton. Den vielerlei Gebieten ist aber eine sehr alte, kontinuierliche Zivilisation gemeinsam.

Ein Charakterzug der pannonischen Gegend besteht darin, daß sie sich aus kleinen, autochthonen Einheiten zusammensetzt. Ein, zwei Hügel und dazwischen ein Dorf — eine Welt für sich. Die Töpfer verzieren die Krüge anders, das uralte Symbol, die Sonnenscheibe, an den Haustüren und Fassaden ist ein wenig anders geschnitzt.

Fährt man von Budapest in Richtung Transdanubien, kommt man bald nach Martonvásár, wo im Schloß Brunswick Ludwig van Beethoven zwischen 1800 und 1806 mehrere Male für längere Zeit bei der Familie zu Gast weilte. Beethoven verband eine enge Freundschaft mit dem jungen Grafen Franz, und man nimmt an, daß das eine Brunswick-Fräulein die „unsterbliche Geliebte" war, an die er die erschütternden Briefe ohne Anrede richtete. Zahlreiche große Werke knüpfen sich an Martonvásár. Heute werden hier im Schloßpark allsommerlich Beethoven-Konzerte veranstaltet. Ein kleines Museum und die Beethoven-Statue von Meštrovič bewahren das Andenken an den großen Komponisten.

Nach Martonvásár verläuft der Weg an dem von Schilfrohr gesäumten, fischreichen Velencer See entlang und führt ca. 60 km von Budapest entfernt nach Székesfehérvár (Stuhlweißenburg), der ältesten Stadt nicht nur Pannoniens, sondern ganz Ungarns.

Ihre Geschichte reicht in die Zeit vor der Annahme des Christentums zurück: Nach der Landnahme war hier der Sitz des Fürsten Árpád; danach gründete um 972 Géza, der Vater Stephans des Heiligen, an der Stelle des Fürstensitzes eine Stadt. König Stephan ließ Székesfehérvár schon von einer Mauer umgeben und verlieh ihr Privilegien, die später Jahrhunderte hindurch den anderen ungarischen Städten als Vorbild dienten. Stephan ließ einen Palast und eine Basilika bauen, doch blieb die Stadt nur kurze Zeit königliche Residenz, denn der Hof übersiedelte zuerst nach Esztergom und dann nach Buda. Lange Zeit blieb Székesfehérvár noch Krönungs- und Bestattungsort der ungarischen Könige.

Für die Altstadt — wie sie heute steht — ist aber nicht die Romanik oder Gotik charakteristisch, sondern die Atmosphäre des Barocks. Die großartigen Bauten der Arpaden wurden während der Türkenzeit restlos vernichtet; von der Krönungsbasilika, die der Ritter Bertrandon de la Brocquière, als er im 15. Jahrhundert Ungarn besuchte, mit dem Kölner Dom verglich, zeugen heute nur noch die Säulen, Kapitelle und Steinmetzarbeiten im Ruinengarten im Zentrum der Stadt. Auch diese Denkmäler mußten erst im Zuge von Ausgrabungen freigelegt werden. Vom einstigen Königsschloß ist noch weniger übriggeblieben. In den siebziger Jahren wurde bei Bauarbeiten ein Teil des Wohnsitzes des Fürsten Géza erschlossen.

146

145. Relieffragment im Lapidarium von Székesfehérvár

146. Die St.-Annen-Kapelle (erbaut um 1470)

147

Die zum Vorschein gekommenen Mauern wurden in situ bewahrt und sorgfältig in das moderne Gebäude eingebaut. Aus irgendeinem Grunde hatten die Türken ein anmutiges gotisches Gebäude aus dem Mittelalter, die St.-Annen-Kapelle, verschont; in ihrem Inneren sieht man türkische ornamentale Malerei, vor der Kapelle steht das steinerne Denkmal des humanistischen Oberpriesters Domonkos Kálmáncsehi, der im 15. Jahrhundert lebte. Kálmáncsehi war ein eifriger Mäzen der Renaissancekünste, und zum Glück blieb der seinen Namen tragende meisterhafte Kodex, der auf seinen Auftrag hin mit künstlerischen Miniaturen illuminiert worden war, all die Jahrhunderte hindurch erhalten.

Székesfehérvár wurde im 18. und 19. Jahrhundert im Zeichen des Barocks wiederaufgebaut, seine reichen Bürger und Bischöfe bauten es später im Stil des Rokokos und dann des Klassizismus weiter aus. Die mehrstöckigen Häuser der neuen Wohnviertel am Rande der Innenstadt sind Beweise der großangelegten Bauarbeiten unserer Epoche. Dahinter liegen Fabriksiedlungen: eine Fabrik für Elektronik, der Leichtmetallbetrieb und viele andere. Székesfehérvár, das in der Vergangenheit hauptsächlich von der Landwirtschaft seiner Umgebung lebte, wurde im Verlauf der letzten Jahrzehnte zu einer Industriestadt.

147. Straße in Székesfehérvár, im Hintergrund der Turm des Doms

148. Barockpalais

149. Die stimmungsvolle alte Apotheke „Zum Schwarzen Adler" (heute Museum)

148

149

FEKETE SAS
Fekete
Sas
Patika-
múzeum
Fekete
Sas
Patika-
múzeum

150. Abenddämmerung

151. Boote auf dem Balaton

Der Balaton (Plattensee)

Der Plattensee ist der größte See Mitteleuropas, seine Wasserfläche beträgt 600 km². Unermeßlich aber ist die Wirkung, die der See auf das Leben, das Bewußtsein, das „Allgemeinbefinden" der Bevölkerung ausübt. Der gewaltige Wasserspiegel ist der Gegenstand der Nostalgie, der Sehnsucht eines Volkes ohne Meer, er erweckt mit seiner ihm eigenen Flora und Fauna und dem einzigartigen Mikroklima die Vorstellung eines ungarischen Mini-Süßwassermeeres. Seit einem Jahrtausend entströmt dem See eine geheimnisvolle Inspiration — von den allerersten Anfängen bis in die Gegenwart ist der Balaton nicht nur in der ungarischen Folklore, sondern auch in fast allen anderen Kunstzweigen zugegen. Am Seeufer — und in seiner Umgebung — sind einige seltene Denkmäler der romanischen und gotischen Architektur Ungarns zu finden. In der Zeit nach der Staatsgründung, als der Kampf mit den Stammesfürsten, den Verteidigern des heidnischen Glaubens, zugunsten der königlichen Macht und des Christentums entschieden wurde, wurden in der Umgebung des Balaton Dörfer mit Kirchen gegründet. Zum Glück haben einige Steinkirchen in den zwischen Hügeln verborgenen Tälern die stürmischen Jahrhunderte überlebt, als

152

152. Der Hügel der Halbinsel Tihany mit der Abtei

153. Altes Bauernhaus

153

anderswo die meisten ungarischen Kunstdenkmäler dem Mongolensturm und der Türkenbesetzung zum Opfer fielen. Die Kirche von Felsőörs in der Nähe von Balatonalmádi ist eines der schönsten Beispiele – für die Baukunst der Arpadenzeit; sie wurde in der letzten Zeit originalgetreu restauriert. Die sich über der in den See hineinragenden Halbinsel Tihany erhebende Abteikirche zeugt nur noch in einem einzigen Teil von dem ältesten mittelalterlichen ungarischen Bauwerk, an dessen Stelle sie heute steht. König Andreas I. gründete 1055 die Benediktinerabtei, die unter anderem dafür bekannt ist, daß ihre Stiftungsurkunde zu den ältesten ungarischen Sprachdenkmälern gehört, der lateinische Text enthält fast 100 altungarische Wörter. Nach dem Mongolensturm wurde um die Abtei eine von Mauern geschützte Burg gebaut; und obzwar die Festung weit hinter den Anforderungen der damaligen Zeit zurückblieb, widersetzten

155

154

sich ihre Verteidiger anderthalb Jahrhunderte hindurch erfolgreich den wiederholten türkischen Anstürmen. Die Burg zerfiel auch nicht inmitten der Kämpfe, sondern erst zu Beginn des 18. Jahrhunderts, als die kaiserliche Regierung nach der Niederschlagung des Rákóczi-Freiheitskampfes die ungarischen Burgen sprengen und zerstören ließ. Dieses Schicksal ereilte auch die Burg in Tihany, aus deren Steinen die heute noch stehende barocke Kirche erbaut wurde, sowie das daneben stehende Klostergebäude, das heute ein Museum ist. Allein die Krypta ist in ihrem ursprünglichen Zustand erhalten geblieben; zwischen den Kraft ausströmenden romanischen Säulen ruht der Gründer des Klosters, Andreas I. Hinter der Kirche gibt es im Dorf einige schöne schilfgedeckte Häuser — es sind Andenken an die Volksbaukunst aus dem 18. und 19. Jahrhundert. Die Halbinsel Tihany mit ihrer seltenen Pflanzen- und Vogelwelt sowie den

156

154. Die Türme der Abteikirche

155. Reichgeschnitzte barocke Orgel aus dem 18. Jh. in der Abteikirche von Tihany

156. Barocke Statue über dem Portal der Abteikirche

Geysirkuppen, die an frühere vulkanische Tätigkeit erinnern, ist ein Naturschutzgebiet.

Für das in der Nähe von Tihany gelegene Balatonfüred ist nicht der Barock charakteristisch, hier herrscht eher der Klassizismus, der Stil des beginnenden 19. Jahrhunderts, vor, als — im Reformzeitalter — Herren in der ungarischen Atilla-Tracht und Damen mit magyarischen Miedern in dem Bad am Balatonufer mit ihren Gesellschaften und Bällen neue Gewohnheiten in das hiesige Leben brachten. Es war die Zeit, als Kossuth, Széchenyi und Jókai Stammgäste in Balatonfüred waren, als ein ständiges Theater für ungarischsprachige Theatervorführungen gebaut wurde und der Annen-Ball weit über die Landesgrenzen hinaus berühmt war. Die klassizistische Villa Jókais steht heute noch unverändert in ihrer ursprünglichen Form: In diesen Zimmern schrieb der große ungarische Romancier zahllose Seiten mit lila Tinte in seinen Perlenbuchstaben voll. Balatonfüred verdankt seinen frühen Ruf nicht nur dem kohlensäurehaltigen Thermalwasser, das in das Herzkrankenhaus geleitet wird, sondern auch seinem hervorragenden Strand und

158

59

157. Abenddämmerung über dem Balaton

158. Bauernhaus im Balaton-Oberland mit der stolzen Aufschrift des Erbauers

159. Reliefdetail der romanischen Kirche von Felsőörs (13. Jh.)

Segelhafen, wodurch es zu einem bekannten Bade- und Sportzentrum wurde. Auch heute wird es durch diese Doppelseitigkeit charakterisiert. Das Staatliche Herzkrankenhaus ist eine international berühmte kardiologische Heilstätte, wo von Rabindranath Tagore bis Quasimodo zahlreiche weltberühmte Schriftsteller, Künstler und Persönlichkeiten des öffentlichen Lebens Heilung suchten ... Aber Balatonfüred ist nicht nur das „Mekka der Herzkranken" (wie es eine Zeitlang in Prospekten genannt wurde), sondern auch der Ort der Segelregatten, Annen-Bälle, der Tschardas mit Zigeunermusik. Die 300 bis 400 Meter hohen Erhebungen am Nordufer sind in einer frühen Epoche der Erdgeschichte durch vulkanische Tätigkeit entstanden. Man braucht kein Geologe zu sein, um die ehemaligen Kratervertiefungen und Tausende von aus den Vulkanen herausgeflogenen „Steinbomben" — Lapilli — zu entdecken, wenn man die malerische Gegend des Plattensee-Oberlandes durchwandert. Am Abhang des Badacsony- und des Szentgyörgyberges ragen

16

161

16

160. Kelterhaus im Volksbarockstil auf dem Szentgyörgyberg bei Tapolca (erbaut im 18. Jh.)

161. Die Weinbauern vertrauen auch heute noch am meisten den Holzfässern der erfahrenen Böttcher

162. Die wohlschmeckenden Weintrauben von Badacsony

163. Binden der Weinreben

Basaltorgeln aus erstarrter Lava empor, unter ihnen und ringsum erstrecken sich weithin Weinberge und Weingärten, die seit zwei Jahrtausenden Witterung und Vernichtung zum Trotz auf den Hügeln am Balaton blühen. Vielerorts wird das Grün der Weingärten von dem starken Lilarot der von Mineralien gefärbten Erde unterbrochen. Die Farben muten surrealistisch an: das Blau des Sees, das Gold der Sonne, das Grün der Vegetation und das Lilarot der Erde. Und doch ist das Ganze von etwas sehr Realistischem durchdrungen, was die Einheit von Mensch und Natur vermittelt. An der Südwestbucht des Balaton liegt Keszthely, das in der zweiten Hälfte des 18. Jahrhunderts gleich einem Magneten die nach langem Scheintod erwachenden, zu neuen Kräften gelangenden geistigen Strömungen anzog. Graf György Festetics, Mit-

163

165

165.–168. Das im 18. Jh. erbaute Schloß Festetics war der geistige Mittelpunkt seiner Zeit

glied einer mächtigen feudalen Großgrundbesitzerfamilie jener Gegend, kehrte den höfischen Traditionen seiner Aristokratenfamilie den Rücken und gründete 1797 eine landwirtschaftliche Fachschule; die unter dem Namen „Georgikon" bekannte landwirtschaftliche Schule gehörte zu den ersten ihrer Art in Europa. Später wurden im Schloß Festetics Helikon-Feiern veranstaltet, zu denen bedeutende Vertreter des ungarischen geistigen Lebens zusammenkamen: Schriftsteller, Dichter und Wissenschaftler.

Von dieser Helikon-Atmosphäre ist in Keszthely auch heute noch so viel zu spüren! Da ist die von Festetics gegründete Bibliothek mit zahlreichen Kodizes und Wiegendrucken sowie der von den Nachfahren

16

zusammengestellten reichen Sammlung mit Bezug auf den Balaton. Im Schloßhof und im Musiksaal werden jeden Sommer Konzerte veranstaltet. Den Park zieren jahrhundertealte Baumraritäten. Häuser im Barock- und Zopfstil reihen sich aneinander. In einem der Gebäude wurde Károly Goldmark, Verfasser der „Königin von Saba" und anderer Opern, geboren. Die einstige Georgikon-Schule entwickelte sich zu einer Agraruniversität.

Hévíz liegt 6 km von Keszthely entfernt und gehört zu den größten und bekanntesten Kur- und Erholungsorten. Berühmt ist der 47 500 m² große Thermalsee, dessen 36,5 m tiefe, trichterförmige Quelle täglich ca. 86 Millionen Liter Wasser spendet. Die

67

Wassertemperatur beträgt im Sommer 33–34 °C, im Winter 26–28 °C. Den Boden des Sees bedeckt eine mehrere Meter dicke Torfschlammschicht, die für Heilschlammpackungen verwendet wird. Die Kirche in Egregy, nahe bei Hévíz, stammt aus der Arpadenzeit, sie wurde in der ersten Hälfte des 13. Jahrhunderts im romanischen Stil gebaut. Das Südufer des Balaton ist flach. Hier liegen am See lang hingestreckte Sandstrände, das Wasser wird nur allmählich tiefer, weshalb es sich auch für Kinder hervorragend zum Baden eignet. Mit einiger Übertreibung kann man den mehr als 60 km langen Uferabschnitt einen einzigen „Familienerholungsort" nennen: Die kleineren und größeren Badeorte liegen dicht an dicht. Der größte Ort ist Siófok mit städtischem Cha-

168

169

rakter und starkem Verkehr, einem bewegten Hafen, Hotelzeilen am Ufer und zahlreichen Unterhaltungsmöglichkeiten. Der gediegenste Erholungsort ist Balatonföldvár, Zentrum des Plattensee-Segelsportes, Ziel des alljährlich stattfindenden Wettstreits um das „Blaue Band". Nicht weit von hier steht auf dem Kőröshegy eine gotische Kirche aus dem 15. Jahrhundert, in der allsommerlich Konzerte veranstaltet werden. Neben der Eisenbahnstation von Balatonszárszó erinnert ein kleiner Park mit einem Bronzedenkmal an den großen Dichter Attila József, der sich hier 1937 vor einen Zug warf. In Balatonboglár befindet sich hinter den Villen des Badeortes ein viele tausend Hektar umfassendes Weinbauzentrum, das Staatsgut züchtet jährlich viele Millionen Fortpflanzungsreben für die ganze Balatongegend, diese liefern einige Jahre später an ihrem neuen Anpflanzungsort Trauben und Wein. Nach Boglár kommen noch einige Badeorte,

170

171

169. Die Kirche der mit Hévíz verschmolzenen ehemaligen Gemeinde Egregy (erbaut im 13. Jh.)

170. Die charakteristische Blume des Thermalsees ist die Seerose (Lotos)

171. Der See von Hévíz ist der größte Thermalsee Europas

172. Segelregatta auf dem Balaton

173. Surfer

172

3

dann ist der große See zu Ende, und es folgt der Kleine Balaton, der zu den interessantesten Naturschutzgebieten Ungarns gehört: Auf einer 1400 Hektar großen Fläche wechseln Schilf und Binsengewächse mit offenen Wassern, auf denen Seerosen und Lotosblumen blühen. Von der auf einer Insel mitten im See erbauten Beobachtungsstelle studieren Botaniker und Ornithologen das Leben des weithin berühmten Ursumpfes mit seiner seltenen Pflanzen- und Tierwelt.

174

174. Die Klosterkirche. Die mit Köpfen verzierten gotischen Gewölbe stammen aus dem 15. Jh.

175. Bereits im Mittelalter entstand um Kloster und Kirche ein wahres Festungssytem

Das Bakonygebirge und Umgebung

Westlich vom Balaton erstreckt sich ein gewaltiges Bergland: der Bakony. Sein Name ist im Ungarischen auch heute noch gleichbedeutend mit unendlicher Wildnis, die sich seinerzeit in ununterbrochener Folge nach Nordwesten zog, ganz bis zu den in die Kleine Tiefebene hinabreichenden Hügeln ... Und natürlich gehört zum Bakony auch der Begriff der Betyaren des Bakony, jener „Straßenräuber", die die Panduren der Adelskomitate ausspielten, die Reichen ausraubten und den Armen halfen, bis Pech oder Verrat sie ins Gefängis oder an den Galgen brachten. In Wirklichkeit waren die Ende des 18. und Anfang des 19. Jahrhunderts vor dem Einfangen zum Militär und vor den Übergriffen der Grundherren in die dichten Wälder fliehenden Bauernburschen jene ungarischen „Robin-Hood"-Helden, von denen erzählt und gesungen wurde; an sie erinnern einige „Betyarenschenken", Schauplätze ehemaliger Vergnügen, die Märchen und Lieder gehören heute bereits zur ungarischen Folklore.
Der Bakony hat aber auch eine andere Bedeutung: In den Jahrhunderten nach der Landnahme durch die Ungarn entfalteten sich in den bewaldeten, fruchtbaren Tälern wichtige Zentren der ungarischen Kultur. Die 1182 in Zirc gegründete Zisterzienserabtei spielte eine wichtige Rolle bei der Entwicklung der Landwirtschaft, während die 1018 von Stephan dem Heiligen in Bakonybél gegründete Benediktinerabtei bei der Entfaltung des Handwerks von Bedeutung war. Das älteste und bedeutendste kirchliche und kulturelle Zentrum war die Abtei von Pannonhalma auf dem nördlichen Ausläufer des Bakony. Den Grundstein ließ Fürst Géza legen, nach ihm baute Stephan I. die Anlage weiter; die Kirchenweihe erfolgte im Jahre 1001. Die Abtei war schon im 12. Jahrhundert ein „glaubwürdiger Ort", sie übernahm zahlreiche wichtige Dokumente zur Aufbewahrung. Ihr Archiv zählt zu den reichsten der ungarischen Geschichte: Unter anderem wird hier die Privilegienurkunde Stephans des Heiligen aus dem Jahre 1001 aufbewahrt, ferner die Stiftungsurkunde Tihanys aus dem Jahre 1055 sowie zahlreiche wichtige Dokumente des ungarischen staatlichen Lebens im Mittelalter. In der Bibliothek befinden sich viele wertvolle Kodizes und mehrere Wiegendrukke; die kirchengeschichtliche Sammlung gehört zu den bedeutendsten in Ungarn.

175

176

177

176. Die Abtei von Pannonhalma

177. Die Bibliothek

178. Die Klosterkirche von Pannonhalma war ursprünglich romanisch, doch fiel sie im 12. Jh. der Vernichtung anheim. Sie wurde Mitte des 13. Jh. im gotischen Stil neu aufgebaut

179. Burg Csesznek aus dem 13. Jh. zwischen den Hügeln der Bakonylandschaft (S. 118–119)

PANNONHALMA

180

Auf interessante Weise vereinigen sich Vergangenheit und Gegenwart in der „Hauptstadt“ des Bakonygebirges, in Veszprém. Im Zentrum, auf einem sich über der Stadt erhebenden Dolomitfelsen, befindet sich das Burgviertel mit der frühgotischen Gisela-Kapelle, einem der ältesten Denkmäler der ungarischen mittelalterlichen Kunst. Ihr Entstehen knüpft sich an den Namen der Gemahlin Stephans des Heiligen, der Königin Gisela, die aus Bayern stammte. In ihrer gegenwärtigen Form wurde die Kapelle im 13. Jahrhundert gebaut, aus dieser Zeit stammen auch die Apostel darstellenden Fresken, die ihre Mauern zieren. Im Zentrum des Burgvierstels erhebt sich das barocke Gebäude des Bischofspalais, errichtet von dem hervorragenden Architekten Jakab Fellner. Der Feuerturm vereint die Stilelemente aufeinanderfolgender Jahrhunderte: Sein Fundament stammt aus dem Mittelalter, der erste Stock und der Erker tragen Züge des Barocks, der obere Teil wurde Anfang des 19. Jahrhunderts geschaffen. Hinter dem Burgviertel folgt noch eine Weile die barocke Altstadt, doch plötzlich steht man in dem modernen Veszprém. Dieser

2

183

Teil sowie das Universitätsviertel sind das Ergebnis der letzen Jahrzehnte. Heute ist Veszprém das Zentrum der chemischen Industrie mit Universität und Forschungsinstitut.

180. Die Burg von Veszprém

181. Zentrum des Bistums war Veszprém, das Bischofspalais wurde zwischen 1765 und 1776 von Jakab Fellner (1722–1780) erbaut

182. Die Apostel darstellenden Fresken in der Gisela-Kapelle der Burg von Veszprém stammen aus der zweiten Hälfte des 13. Jh.

183. Der im vergangenen Jahrhundert auf den mittelalterlichen Grundmauern erbaute Feuerturm

184

184.–185. Weinkeller von Vértesszőlős

186. Detail der im 15. Jh. gebauten Alten Burg von Tata

187. Der See von Tata, im Hintergrund die sog. Alte Burg

185

Westtransdanubien

Wenn man von Budapest in nordwestlicher Richtung nach Transdanubien fährt, findet man in einem Tal zwischen 400 bis 500 m hohen Erhebungen Tata und Tatabánya. Die beiden Orte liegen kaum einige Kilometer voneinander entfernt, nichtsdestoweniger wäre es schwer, zwei Nachbarstädte zu finden, deren Vergangenheit und Gegenwart stärker voneinander abweichen als die von Tata und Tatabánya.

Die Thermalquellen, der See und die fruchtbaren Auen von Tata haben schon den Menschen der Steinzeit angezogen; im Zuge von Ausgrabungen wurde eine der größten urzeitlichen Siedlungen auf dem Gebiet des heutigen Tata erschlossen. Hier lebten Menschen in der Bronze- und in der Eisenzeit, dann kamen Kelten, Römer, Ostgoten, Hunnen, Awaren und schließlich die Ungarn, die das Gebiet endgültig in Besitz nahmen. 1305 erhielt Tata den Rang eines „oppidum" und 1388 einer „civitas". An der Wende zum 15. Jahrhundert ließ sich König Sigismund in Tata ein prunkvolles gotisches Burgkastell errichten. Von da an war die Stadt Schauplatz eines glanzvollen Hoflebens, in der die ungarischen Könige oftmals glänzende Feste veranstalteten und ausländische Fürsten empfingen. In den Türkenzeiten stand Tata an der Grenzlinie zwischen dem Habsburger- und dem Türkenreich und wechselte oft seinen Besitzer. Die Gebäude zerfielen, die Gegend entvölkerte sich. Erst im 18. Jahrhundert begann die Stadt wieder aufzuleben, als der überwiegende Teil Transdanubiens in den Besitz der Familie Esterházy gelangte und Tata die Hauptstadt des „Esterházy-Reiches" wurde. Der hervorragende Architekt jener Zeit, Jakab Fellner, formte das Antlitz des Städtchens im Zeichen des Barocks: Damals wurden für die Familie Esterházy jene Palais gebaut, die heute als Hotel, Rathaus und Krankenhaus dienen. Fellner baute die „Cifra"-Mühle aus dem 16. Jahrhundert sowie die Nepomucenus-Mühle im Barockstil um. Von den vielen Wassermühlen, die noch am Ende des vergangenen Jahrhunderts in Tata und Umgebung in Betrieb waren, sind nur diese beiden erhalten geblieben.

Die Bodenreform des Jahres 1945 setzte auch dem Fideikommiß der Esterházys ein Ende. Heute arbeiten in der Umgebung von Tata Produktionsgenossenschaften und Staatsgüter. In den letzten Jahrzehnten hat sich der Charakter des Städtchens verändert — heute ist es ein Fremdenverkehrszentrum

186

187

Nordtransdanubiens, wohin die Leute zum Weekend und zur Erholung fahren. Anziehungspunkte sind seine malerische Lage zwischen den waldigen Hügeln, der 230 Hektar große See, viele schöne Kunstdenkmäler, darunter das in langer Arbeit wiederhergestellte Burgschloß, die „Alte Burg", in deren Räumen interessantes archäologisches, kunstgeschichtliches und ethnographisches Material sowie schöne Stücke der Fayencesammlung der Tataer Keramikkunst des 18. Jahrhunderts zu sehen sind.

Tatabányas Vergangenheit ist kaum hundert Jahre alt. Im vergangenen Jahrhundert wurde im Laufe von geologischen Forschungen und Ausgrabungen unter den Äckern am Abhang des Gerecsegebirges ein gewaltiges Kohlevorkommen gefunden, und 1895 begann der Abbau im ersten Schacht. Von da an wuchsen sowohl das Bergwerk als auch die in der Nähe angelegte Wohnsiedlung. Später entstanden ein Zement- und Kalkwerk und ein Kraftwerk. Die Geologen stießen eines Tages auf Bauxit, das den Ausgangsstoff für eine Aluminiumhütte bildete.

188

189

Im nordwestlichen Teil Transdanubiens erstreckt sich eine fruchtbare Ebene: die Kleine Tiefebene. Sie ist eines der ältesten landwirtschaftlichen Kulturgebiete Ungarns. Auf dem größten Teil wird intensiver Gemüse- und Obstbau betrieben. Aber auch Getreide und Zuckerrüben liefern hier den höchsten Ertragsdurchschnitt. Die aufeinanderfolgenden Dörfer scheinen in einem einzigen riesigen Garten verstreut zu sein: Hier wird jeder Fußbreit Landes bebaut.

188. Die Landschaft von Transdanubien bereichern kleinere und größere natürliche Seen — sie werden oft als Ententeiche benutzt

189. Landschaft in der Kleinen Tiefebene, nach der Ernte

GYŐR

190. Madonnenrelief an der Mauer eines alten Hauses von Győr

191. Innenstadt, Detail

192. Einige Teile der Stadt bewahren getreu ihr Antlitz aus dem 19. Jh.

193. Das Emblem „Das Goldene Schiff" ist ein Andenken an den mit Schiffen abgewickelten Getreidehandel im 19. Jh.

190

192

191

193

An der Budapest mit Wien verbindenen Hauptstraße M1 liegt Győr (Raab), die größte Stadt der Kleinen Tiefebene. Vor hundert Jahren hätte man die die Stadt durchquerende Eisenbahnlinie erwähnt, noch früher den Eilwagen, der durch Győr von Budapest in die Kaiserstadt fuhr; im Mittelalter beförderten von Ochsen gezogene Barken Wein, Salz und Getreide die Donau aufwärts, um auf dem Rückweg Tuch, Seide und Handwerkserzeugnisse für die Läden in Győr, Komárom und Pest-Buda zu laden. Győr war nämlich schon immer ein Handelszentrum. Bereits zur Zeit der Römer war die hiesige Niederlassung eine so wichtige Station des Ostwestverkehrs, daß sie unter dem Namen Arabona eine bedeutende Stadt des Römischen Reiches zwischen Vindobona und Aquincum wurde. Während der Völkerwanderung war es der von Erdschanzen umgebene Hauptort des Awarenreiches, den das Heer Karls des Großen in blutiger Schlacht eroberte und vernichtete. Ein Jahrtausend später kam ein anderer Kaiser nach Győr, der Europa vereinigen wollte: Napoleon. Er hatte die Truppen der Habsburger schon in mehreren Schlachten geschlagen. Jetzt versuchten ein paar frische Regimenter und die unausgebildete, schlecht ausgerüstete Armee der ungarischen „Adelsinsurrektion", Napoleon bei Győr aufzuhalten. Natürlich vergebens. In der Schlacht von 1809 erlitt das Habsburg-Heer eine Niederlage; das ungarische Adelsaufgebot war schon zu Beginn der Schlacht auseinandergelaufen.
Die Handel und Gewerbe treibenden Bürger von Győr hatten übrigens niemals den Wunsch, in die Weltgeschichte einzugehen. Kein Wunder: Während der Türkenzeit wechselte die Stadt mehrmals ihren Besitzer und brannte jedesmal nieder. (Die Türken

nannten sie „Janik-Kala“, d. h. „verbrannte Stadt“.) Ihre Bewohner kehrten aber immer wieder zurück und bauten ihre Stadt neu auf. So war es auch nach dem Zweiten Weltkrieg. In bewundernswertem Tempo überwand sie die schweren Beschädigungen.
Győr wird die „Stadt der vier Flüsse“ genannt. Sie liegt am Treffpunkt der Raab, der Rábca und zweier Donauarme. Der Reichtum an Gewässern, die bemoosten Steine, das Flußufer, die waldige Promenade, der Hafen, die Kähne, Barken und Schlepper gehören ebenso zum Stadtbild von Győr wie die Kanäle zu Amsterdam oder der Finnische Meerbusen zu Helsinki. Wenn man den Domkapitelhügel hinansteigt, auf dem die Bischofsburg, der älteste Kern der Stadt, steht, wird das Stadtbild auf Schritt und Tritt schöner und reicher. Einst mag der Hügel unbedeutend gewesen sein, aber im Laufe der Jahrhunderte wurde er bei den verschiedenen Burgbauten gehoben und vergrößert. Die Mauern der mittelalterlichen Burg und der Turm der Bischofsburg blicken aus imposanter Höhe auf uns herab, so daß man begreift, wie es den Verteidigern der Burg gelingen konnte, die Angreifer mehrmals zurückzuschlagen, obwohl sie in der Übermacht waren. Der italienische Ingenieuroffizier Pietro Forrabosco hat die Burg meisterhaft geschaffen. Der Grundstein des sich in der Mitte des Domkapitelhügels erhebenden Domes wurde im 11. Jahrhundert niedergelegt, der Chor mit drei Apsiden stammt aus dem 12. Jahrhundert, den gotischen Aufbau ließ Ende des 15. Jahrhunderts ein humanistischer Bischof, Orbán Dóczy, errichten. Später wurde der Dom von Dóczys Nachfolger, Tamás Bakócz, dem großen Mäzen der ungarischen Renaissance, weitergebaut. In der Kapelle vom Beginn des 15. Jahrhunderts, die sich an die Südwestseite des Domes anschließt, wird ein Meisterwerk der ungarischen gotischen Goldschmiedekunst aufbewahrt: das Kopfreliquiar des ungarischen Königs Ladislaus des Heiligen.
Die meisten Gebäude auf dem Domkapitelhügel und in der darunter liegenden Altstadt sind im Barockstil gehalten. Das ist in vielen ungarischen Städten der Fall. Man kann vielleicht sagen, daß die meisten ungarischen Städte im 18. Jahrhundert wiederaufgebaut wurden, nachdem sie in den Türkenkriegen der Vernichtung anheimgefallen waren, und der herrschende Stil war zu dieser Zeit der Barock. Doch begegnet man hier einem lieblichen, heiteren, provinziellen ungarischen Barock! Seine Dimensionen sind niemals erdrückend, sie erwecken in dem Betrachter niemals das Gefühl, er sei winzig wie ein Staubkorn. Die Bauten des ungarischen Barocks bleiben immer im Rahmen der menschlichen Maße, ihr Anblick beruhigt, heitert auf. Wer hätte wohl ein besserer Freskenmaler der in das Rokoko übergehenden Periode sein können als der Meister des herrlichen Kolorits und der Rokokobewegtheit: Franz Anton Maulbertsch? Er wirkte in Österreich, in böhmischen Städten, in Deutschland, seine Werke sind in fast allen bedeutenden Barockkirchen Europas zu finden — dennoch betrachten die Ungarn ihn als ihren Meister, da er das letzte und vom künstlerischen Standpunkt aus entscheiden-

194. Wandgemälde von Franz Anton Maulbertsch (1724–1796) im Dom von Győr (1772–1781)

195. Nicht weit vom Dom wurde als Nachfolger des Wohnturms aus dem 13. Jh. die sog. Bischofsburg erbaut

195

de Vierteljahrhundert seines Lebens fast ausschließlich in Ungarn verbracht hat. In Győr malte er Figurenkompositionen auf das Gewölbe im barocken Inneren des Domes. In Sümeg, einer Stadt in der Nähe des Balaton, schuf er für die Pfarrkirche farbenfrohe Wand- und Deckenfresken. In Pápa schmücken seine Fresken die Pfarrkirche, in Kalocsa einen Saal des Bischofspalais, das Deckenfresko der Kapelle des Lyzeums in Eger stammt ebenso von ihm wie die Wandbilder im Bischofspalais in Szombathely. Nordwestlich von Győr liegt zwischen Donau und Mosoner Donau Szigetköz, das von zahlreichen kleineren und größeren toten Flußarmen und Wasserläufen durchquert wird und ein wahres Paradies der Angler und Wassergeflügeljäger ist. Das Anglerzentrum von Szigetköz ist Ásványráró, hier wurde noch um die Jahrhundertwende Gold aus dem Sand gewaschen.

197

196.–198. Szigetköz. So wird das von der Donau und der Mosoner Donau umschlossene, an toten Armen reiche Gebiet genannt

198

SZIGETKÖZ

FERTŐD

199

199.–201. Schloß Esterházy in Fertőd, das „ungarische Versailles“, errichtet Ende des 18. Jh.

Fürst Miklós Esterházy, der Herr des einstigen Eszterháza — heute Fertőd —, wurde von seinen Zeitgenossen „der Prunkliebende“ genannt, denn mit seinem Namen als Mäzen verband sich die Entwicklung des kleinen Dorfes zu einem Zentrum höfischen Lebens von europäischem Ruf. Der Besitzer unschätzbaren Reichtums verwandelte seinen Besitz in ein „ungarisches Versailles“: Er ließ zu einer Zeit, als Barock und Rokoko zusammentrafen, ein Schloß bauen, das nicht nur durch seinen überheblichen Prunk, sondern durch die bewußt geformte Schönheit ansprach. Esterházy gab sich mit dem herrlichen Schloß, den mit gewagter Phantasie geplanten Feierlichkeiten, an denen sogar Maria Theresia oft teilnahm, nicht zufrieden. Er wollte echte Kunst um sich haben, deshalb ließ er eine Hausoper bauen, engagierte hervorragende Ensembles

20

und holte sogar Joseph Haydn als Hofkapellmeister nach Eszterháza, wo dieser 30 Jahre verbrachte und zahlreiche Hauptwerke schuf. Eigentlich wäre die Geschichte hier zu Ende — denn mit dem Tode Miklós Esterházys hörte auch die Glanzzeit des „ungarischen Versailles" auf. Die Nachkommen verlegten ihren Sitz nach Kismarton (Eisenstadt), und das großartige Schloß stand fast ein Jahrhundert lang verlassen da. Zwar wurde es später restauriert, doch gewann es seinen früheren Glanz nie wieder.

Daß die Geschichte dennoch nicht ganz zu Ende ist, verdankt man der Musikforschung, die in den letzten Jahren feststellte, daß zahlreiche ungarische Barock-Musikstücke, die bisher einem unbekannten Komponisten zugeschrieben worden waren, dem Fürsten Miklós Esterházy zu verdanken sind. Die aus der Tiefe der Archive hervorgenommenen Opera erwiesen sich als bedeutende Schöpfungen, die seitdem immer wieder in Konzerten gespielt werden. Andere Forscher versuchten die Person des

202. Detail des Prunksaals

203. Konzert im Schloß, wo einst auch Joseph Haydn musizierte

202

Architekten des Schlosses zu ergründen, dabei kamen sie aufgrund verschiedener Angaben zu der Folgerung, daß der unbekannte Architekt aller Wahrscheinlichkeit nach ebenfalls Miklós Esterházy war. Zu der Geschichte von Fertőd soll nur noch soviel hinzugefügt werden, daß das Schloß vor einigen Jahren in ursprünglicher Form restauriert worden ist und darin seitdem — getreu den Traditionen — Festkonzerte veranstaltet werden, vor allem Haydn-Konzerte, doch finden auch andere musikalische Ereignisse statt.

Im westlichen Randgebiet Transdanubiens lösen die Ausläufer der Alpen die sanften pannonischen Hügel ab. Ihre Spitzen sind nicht hoch — nur 400 bis 500 m —, doch die zusammenhängenden riesigen Wälder und tiefliegenden Täler lassen die Alpen jenseits der österreichischen Grenze ahnen. Sopron (Ödenburg), die größte Stadt Nordwesttransdanubiens, konnte die jahrtausendealten Zeugen ihrer Vergangenheit zweifellos infolge ihrer besonderen, geschützten geographischen Lage besser bewahren als jene ungarischen Städte, die an exponierteren Orten liegen. Selbst in den stürmischsten Zeiten lebten die Einwohner unter verhältnismäßig friedlichen Verhältnissen; die Türken zerstörten sie nur „oberflächlich", als sie 1529 durch die Stadt nach Wien zogen, später schlugen die Verteidiger von

203

204

204. Eine bescheidene bäuerliche Variante der großen Kunstdenkmäler: Ein Schutzheiliger bewacht die westliche Gegend Ungarns

205. Fassade der Benediktinerkirche St. Jakob in Lébény (13. Jh.)

206. Das Portal der romanischen Kirche von Sopronhorpács aus dem 13. Jahrhundert

Sopron die Angreifer einige Male erfolgreich zurück. Zweimal kapitulierte Sopron auf friedlichem Wege: Zuerst öffnete es 1619 dem siebenbürgischen Fürsten Gábor Bethlen seine Pforten, der sich an der Seite der Protestanten gegen die Habsburger in den Dreißigjährigen Krieg einmischte; dann 1809 den Truppen Napoleons. Daraus, daß Napoleon in der Stadt weilte, zog sie auch noch Nutzen; seitdem verkündet sie laut, daß der in der Umgebung der Stadt wachsende Kékfrankos (Blaufränkischer) des Kaisers Lieblingswein war.

Wie aus dem Gesagten hervorgeht, waren die städtisch-bürgerlichen Traditionen in Sopron schon immer sehr stark. Vielleicht lag es an der glücklichen geographischen Lage, vielleicht an der Lebensweisheit ihrer Bewohner, oder an beiden zusammen, jedenfalls konnten die adligen Grundbesitzer in der Umgebung von Sopron ihren Willen nie dermaßen durchsetzen wie in vielen anderen ungarischen Städten. Seitdem König Ladislaus IV. Sopron 1277 den Rang einer Stadt verliehen hatte, verteidigten die energisch-klugen Bürger ihre Rechte, ihren Wohlstand und ihre städtische Zivilisation in guten wie in schlechten Zeiten. Diese in vergangene Jahrhunderte zurückreichende und — wenn auch etwas verändert — heute noch lebendige Bürgertradition packt den Besucher Soprons und zieht ihn in ihren Bann; die selbstverständliche Art, mit der man im Herzen der Stadt den barocken schmiedeeisernen Türklopfer in Pelikanform in Bewegung setzen kann, damit sich das Tor des Storno-Hauses öffnet, in dem Meisterwerke der bildenden Kunst und des Kunstgewerbes von Generationen der ehemaligen Schornsteinfegerfamilie zusammengetragen wurden. Der in positivem Sinne verstandene Lokalpatriotismus ließ es in der Zeit zwischen den Weltkriegen nicht zu, daß die winzigen Häuser im Burgviertel ab-

205

206

gerissen wurden. Dabei handelt es sich um die schmalsten Minihäuser des Landes: Sie wurden anstelle ehemaliger Kaufbuden und Zelte entlang des ehemaligen Burggrabens gebaut, und ihre Erbauer hielten aus irgendeinem Grunde die winzigen Maße der einstigen Gelegenheitsbauten genau ein. Soprons Altstadt ist ein Ensemble aus barocken, Rokoko- und klassizistischen Häusern, und es gehört sicherlich auch zur bürgerlichen Tradition, daß alle Häuser einen Namen haben: Sie tragen die Namen einstiger Bürgerfamilien. Das Rejpál-Haus ist im Renaissancestil erbaut, doch stellte sich vor kurzem bei der Erweiterung eines Kellers heraus, daß der Besitzer das Haus im Mittelalter auf römischen Fundamenten errichtet hatte. Archäologen gruben die Überreste eines Gebäudes aus Scarbantia, der römischen Vorgängerin Soprons, zusammen mit Gebrauchsgegenständen und Skulpturenfragmenten unter einer anderthalb Jahrtausende alten Erdschicht aus. Das Sziesz-Haus im Rokoko-Stil war einst ein Bad; das Apothekerhaus beherbergte ab 1724 eine Apotheke. Das Fabricius-Haus bewahrt das Andenken an eine alte Soproner Patrizierfamilie; im Lackner-Haus wohnte Kristóf Lackner, Bürgermeister der Stadt am Anfang des 17. Jahrhunderts, der das kulturelle Leben der Stadt zum Aufblühen brachte und ihr sein gesamtes Vermögen vermachte.

Grundzug des kulturellen Lebens in Sopron ist die Liebe zur Musik. Die Kammermusik hat in Sopron jahrhundertealte Traditionen, aber auch die Kirchen der Stadt waren stets für ihre hervorragenden Organisten und Chöre berühmt. Joseph Haydn konzertierte mehrmals in Sopron und stieg dann immer in dem auch heute noch stehenden Gebäude des Gasthofs „Zum Weißen Rößl" ab. Das Wunderkind Franz Liszt trat zum erstenmal in Sopron vor die Öffentlichkeit. Die musikverständigen Soproner erkannten in dem Knaben die wunderbare Begabung und feierten ihn so stürmisch, daß die Nachricht davon bis nach Wien gelangte. Das Soproner und das darauffolgende Wiener Konzert wurden zum Ausgangspunkt von Liszts märchenhafter Karriere. Der Meister kehrte auch später immer wieder in seine engere

207

208

Heimat zurück. Der Schauplatz seiner Ödenburger Konzerte, das heutige Franz-Liszt-Kulturhaus, ist bis heute das Zentrum des kulturellen Lebens der Stadt.

Zur städtischen „Folklore" von Sopron gehört die Geschichte der ältesten Kirche. Die Benediktinerkirche aus dem 13. Jahrhundert wird im Volksmund „Ziegen-Kirche" genannt, denn es heißt, daß einst an der Stelle,

207. Ein mittelalterliches Bürgerhaus in der György utca

208. Spitzbogenfenster an einem Haus aus dem 15. Jh. (Új utca 16)

209. Die Benediktinerkirche aus dem 13.–14. Jh. Im Inneren romanische Fresken (Fő tér)

210. Auf den Baustil von Sopron übte das System der italienischen Höfe mit Loggia einen starken Einfluß aus (Templom utca 6)

211. Der Hof des Fabricius-Hauses

212. Der auf römischem Fundament erbaute, aus dem Mittelalter stammende Feuerturm

210

an der heute die Kirche steht, ein Soproner Bürger eine Ziege weidete, die eines Tages im Gestrüpp gegen einen mit Goldtalern gefüllten Topf stieß. Den Schatz stiftete der Bürger der Stadt zum Bau einer Kirche. Mag sich die Geschichte auch nicht so zugetragen haben, so ist sie doch in einer Stadt, in der Reichwerden und Stadtverschönerung miteinander verbunden waren, „ben trovato", wie das Mäzenatentum immer zu den entscheidenden Bürgertugenden gehörte. Seit ihrer legendären Gründung wurde die Kirche von den Sopronern im Laufe der Jahrhunderte umgebaut und verschönert. Der hohe, mit gotischen Bauornamenten (Krabben) verzierte Turm stammt aus dem 14. Jahrhundert, die Inneneinrichtung ist barock, der Hauptaltar zeugt vom Geschmack des Rokokos; im Tympanon des in der nördlichen Mauer befindlichen Tores ist ein mittelalterliches Fresko zu sehen, die „Schutzmantelmadonna", die von Ferenc Storno, einem Nachfahren der Familie Storno, übermalt worden ist. Die Ziegen-Kirche war in den vergangenen Jahrhunderten auch Schauplatz bedeutender politischer Ereignisse. Während der Türkenbesetzung, als Ungarn in drei Teile zerrissen war, wurden in der Kirche mehrmals Landtage abgehalten, dreimal wurden hier Könige gekrönt. Im Verlauf einer Rekonstruktion kam Licht in eine andere, in Vergessenheit geratene Sphäre des mittelalterlichen Lebens der Stadt; unter den späteren — aus dem 16.–17. Jahrhundert stammenden — Überbauten wurde eine der ältesten Synagogen Mitteleuropas freigelegt, älter ist vielleicht nur die Synagoge in Prag. Die Archäologen rekonstruierten in den sechziger Jahren einen mittelalterlichen Wohnhauskomplex, dabei stellte sich heraus, daß die Gebäude in der Mitte des 16. Jahrhunderts aus dem Umbau einer mittelalterlichen gotischen Synagoge mit Kreuzgewölbe entstanden waren. Die archäologischen Arbeiten haben die Bundeslade mit Spitzbogengiebel, die gotischen Maßwerkfenster, die zur Aufbewahrung von Devotionalien dienenden Wandnischen mit Steinfassung, das Fenster für die Frauen, durch das sie in den Gebetsaal blicken konn-

211

ten, freigelegt. Heute ist die mittelalterliche Synagoge Museum mit einer Sammlung jüdischer Kultgegenstände.
Soprons individueller Charakter setzte sich aus vielerlei Komponenten zusammen. Die Patrizier ließen Rotwein in den gewaltigen Kellern ihrer Häuser gären, den sie infolge des kaiserlichen Patents zollfrei liefern durften, so konnten sie sich bereichern. Am Rande der Stadt zogen die Bürger Bohnen, wodurch sie in weiten Landen zu einem solchen Ruhm gelangten, daß sie sich selbst auch Bohnenzüchter nannten, oder in der Aussprache der Ödenburger — „Ponzichter". Am Ende des 18. und zu Beginn des 19. Jahrhunderts bauten auch einige Adelsfamilien Palais in Sopron, doch fühlten sich die ungarischen Magnaten eher von Wien angezogen, wo sie — möglichst in der Nähe der Hofburg — prächtige Paläste bauen ließen. Die nationale Aufwallung des Reformzeitalters brachte dennoch gewisse Veränderungen, in Sopron vor allem durch die Familie Széchenyi, deren Grundbesitz in Nagycenk, nahe bei Sopron, lag. Graf Ferenc Széchényi gründete im Nagycenker Schloß und im Soproner Palais seine Bibliothek und Münzensammlung, die er 1802 der Nation vermachte; damit legte er den Grundstein für das Ungarische Nationalmuseum und die Széchényi-Nationalbibliothek. Im Zentrum der Soproner Altstadt erhebt sich ein schlanker, 61 m hoher Turm. Offiziell heißt er Stadtturm, die Soproner aber nennen ihn nur Feuerturm, denn jahrhundertelang bestand seine Hauptfunktion darin, daß von seinem Erker aus beobachtet wurde, ob nicht irgendwo Feuer war oder ein Feind sich der Stadt näherte. Gewahrte man Verdächtiges, wurden die Einwohner durch Hornsignale auf die Gefahr aufmerksam gemacht. Die Vorsicht war am Platze: In vergangenen Zeiten wurde Sopron mehrmals von Feuersbrünsten heimgesucht; und wenn die Stadt auch nicht Schauplatz von Kriegen war, so zogen doch immer wieder Streifen nach Sopron, in der Türkenzeit und später, zu Beginn des 18. Jahrhunderts, während der Kämpfe zwischen Kuruzen und „Labanzen", den Habsburger-Soldaten. Zum Glück handelte es sich hierbei aber nur um Episoden in der Geschichte der Stadt, und der Beruf der Turmwächter verwandelte sich im Laufe der friedlichen Jahrhunderte langsam vom Feuerwehrmann, vom auf den Feind lauernden Wächter in einen Musiker, dessen Hauptaufgabe es war, die Bewohner der Stadt an Feiertagen und bei Familienfesten von den Arkaden des

212

213

Turmes mit Musik zu ergötzen. Nicht zufällig ist dieser Feuerturm das Sinnbild von Sopron: Zwei Jahrtausende hindurch wurde er von den aufeinanderfolgenden Generationen der Soproner weitergebaut und erhöht. Den Grundstein legten seinerzeit die Römer, auf das viereckige Fundament kam zur Zeit der Arpaden ein zylindrischer romanischer Aufbau. Später, während der Blütezeit der Renaissance in Ungarn, setzten die Soproner den Bau des Turmes fort. Nach der gewaltigen Feuersbrunst im Jahre 1676 bekam der Turm — zum Dank dafür, daß die Bevölkerung am Leben geblieben war — ein barockes Oberteil und eine Turmhaube. Zu jener Zeit erhielt der Turm auch die Uhr. Trotz der vielen Stile und Zeiten und des verschiedenen Geschmacks bildet er doch eine Einheit. Er widerspiegelt im kleinen die komplexe, vielfarbige, vielseitige Stadt.

Die südlich von Sopron befindliche Stadt Kőszeg (Güns), ebenfalls nahe der österreichischen Grenze gelegen, ist weniger berühmt als Sopron. Das Zentrum von Kőszeg bildet die Burg, in ihr hielt 1532 der Burgkapitän Miklós Jurisics mit seinen 800 Mann dem Ansturm des 60 000 Mann starken Heeres der Türken stand, das zur Eroberung von Wien angerückt war. Die Innenstadt besteht auch heute aus stufenförmig-eckig gebauten Häusern, deren Zweck es war, es den Burgverteidigern durch ihre besondere Anlage zu ermöglichen, die anstürmenden Kolonnen strichweise mit Kugeln zu überschütten. Im Stadtmuseum sind die Dokumente der Belagerung von 1532 ausgestellt. Der Name der Stadt war für eine kurze, historische Spanne in ganz Europa berühmt geworden, um dann sofort wieder in Vergessenheit zu geraten. Und seien wir ehrlich, das ist gut so. Die Bürger von Kőszeg konnten weiter in der Umgebung der Stadt Wein anbauen, sie gingen ihrem braven Handwerk nach, wurden wohlhabend, und das in Mitteleuropa unter ausnahmsweise friedlichen Verhältnissen. Im 18. und 19. Jahrhundert war Kőszeg eine wohlhabende, sich industriell entwickelnde Stadt mit hervorragenden Schulen, im Ballhaus wurden außer Tanzvergnügungen Theatervorstellungen veranstaltet, Konzerte gehalten. In dieser

Stadt lebte und wirkte der Ornithologe István Chernel, dessen Name durch die Zusammenstellung einer wissenschaftlichen Liste der Vögel der Umgebung berühmt wurde — die Kőszeger ehrten ihn besonders deshalb, weil er ein einzigartiges Vogelparadies gründete. Sein einstiger Garten, der heutige Chernel-Garten, gehört zu den schönsten Parks der Stadt: Hier leben die seltensten Vögel zwischen alten Taxusbäumen, seltenen Tannen und jahrhundertealten Eichen. Der zwei Hektar große Park ist ein Muster-Vogelschutzgebiet.
Außerhalb Italiens gibt es wenige Länder in Europa, in denen sich ein ehemaliger römischer Bürger so heimisch fühlen könnte wie in Ungarn. Am Rande der ungarischen Städte zeigen Tafeln mit der Aufschrift „centrum“ den Weg ins Stadtinnere; eine Station der Vorortbahn Budapest—Szentendre ist Aquincum, einst eine römische Stadt. Ungarn ist das einzige Land, in dem der Wein auch heute noch mit Wasser gemischt wird, wie es einst die Römer taten (die Italiener haben sich das inzwischen abgewöhnt). An der Autobahn zum Plattensee liegt Tác, wo es eine Gaststätte gibt, in der den Liebhabern der antiken Gastronomie zeitgenössische römische Gerichte vorgesetzt werden, die nach originalen Apicius-Rezepten zubereitet werden. Hier stand im 2.–4. Jahrhundert die römische Stadt Gorsium. Bei den Freilegungen seit 1958 kamen zahlreiche Straßenzüge und Hausmauern ans Tageslicht, ferner viele wertvolle Plastiken, Grabsteine und Stein-

215

216

14

213. Die aus dem 17. Jh. stammenden Häuser auf dem Jurisics tér

214. Das Symbol der Stadt: das Tor der Treue

215.–216. Kőszeg. Zunftzeichen an der Mauer des im 15. Jh. erbauten Rathauses (Jurisics tér 8)

217

metzarbeiten. In Szombathely (Steinamanger), der größten Stadt des westlichen Transdanubiens, wurde vor kurzem ein neues Hotel nach dem römischen Kaiser Claudius benannt. Die verspätete Erinnerung an ihn ist berechtigt, ist doch die Vorgeschichte von Szombathely auf jenen Moment zurückzuführen, als der göttliche Imperator persönlich erschien, um die soeben eroberte Provinz Pannonien dem Römischen Reich einzuverleiben. Claudius und seine Leibgarde ritten die „Bernsteinstraße" entlang, die die Mediterraneis mit Nordeuropa verband, und er verordnete an einem strategisch wichtigen Punkt die Gründung einer Stadt. Das neue Munizipium, das damals erst in der Phantasie des Imperators lebte, wurde sofort „Provincia Claudia Savaria" benannt. Die Stadt wurde in wenigen Jahren aufgebaut, und jahrhundertelang blühte und gedieh sie weiter. So entstand Szombathelys römische Vorgängerin. Nachdem Agrippina ihren Gemahl, Claudius, durch Gift ins Jenseits befördert hatte, um ihren geliebten Sohn Nero an die Macht zu bringen, verschwand die Bezeichnung „Claudia" allmählich von dem Städtenamen, und es blieb einfach Savaria.

Im Mittelpunkt der Mythologie von Szombathely steht aber nicht der göttliche Claudius, sondern Isis. Vor verhältnismäßig kurzer Zeit, Mitte der fünfziger Jahre, stellte sich bei Erdarbeiten heraus, daß sich im Zentrum der Stadt die Überreste eines Tempels aus der Römerzeit befinden. In langer, mühseliger Arbeit wurden die schön gearbeiteten Reliefs freigelegt, und dabei wurde klar, daß es sich um ein Heiligtum des Isis-Kults handelt. Die in den späten Jahrhunderten des Römischen Reiches auftauchende, aus Ägypten stammende Religion ist, wie der Fund in Szombathely beweist, auch ins ferne Pannonien gelangt. Nach der Ausgrabung wurde der ganze heilige Ort rekonstruiert: In der Mitte stand

217. Die Mauern der aus Ziegeln gebauten Burg Sárvár aus dem 16. Jh.

218. Die Reliefs des Isis-Tempels in Szombathely

219. Grundmauern einer römischen Basilika in Szombathely, dem einstigen Savaria

220. Die Steine der römischen „Bernsteinstraße“ in Szombathely sind auch heute noch brauchbar

218

219

das Heiligtum, davor im Freien der Altar, der innere Hof war von einer großen Säulenhalle umgeben. Über der einen Seitenhalle wurde ein Schutzgebäude errichtet, in dem die bei den Freilegungen zum Vorschein gekommenen Statuen-, Gesims- und Säulenfragmente sowie andere Funde aufbewahrt werden. Das so entstandene Iseum im Zentrum der Stadt ist seitdem nicht nur eine archäologische Sehenswürdigkeit. Alljährlich im August wird hier das Savaria-Festival abgehalten, eine Reihe von kulturellen Veranstaltungen finden ihren Höhepunkt in der Aufführung der Mozart-Oper „Die Zauberflöte“ in historischer Umgebung, in der vor zwei Jahrtausenden dem Kult der Isis und des Osiris gehuldigt wurde.
Außerhalb des Iseums gibt es auch anderswo römische Überreste, die blühende Stadt Savaria ist nicht spurlos verschwunden. Bei Erweiterungsarbeiten eines mittelalterlichen Konvikts stieß man auf römische Mauern, bei deren Freilegung die Archäologen den mit Mosaiken geschmückten großen Saal des ehemaligen Kaiserpalastes sowie zahlreiche Details der Bauten aus der Umgebung fanden. Das wertvolle Fundmaterial wurde in situ aufbewahrt. In der Nähe sind die freigelegten römischen Straßen zu sehen; der massive, zeitbeständige Steinbelag dokumentiert den hohen Entwicklungsgrad des in Pannonien ausgebauten römischen Straßensystems.

220

221

Im Gebiet jenseits der Alpen muß Savaria das kulturelle Zentrum des das Römische Reich erobernden Christentums gewesen sein. Dafür gibt es viele Anzeichen, unter anderem war die von Claudius erbaute Wohnstätte zu Beginn des 4. Jahrhunderts bereits Schauplatz des neuen Glaubenskults. Im lokalen Sprachgebrauch wird ein Teil von Szombathely auch heute noch „Szentmárton“ (Sankt Martin) genannt, nicht nur und nicht in erster Linie wegen der Statue des hl. Martin, die in unserem Jahrhundert vor der Dominikanerkirche aufgestellt worden ist, sondern zur Erinnerung daran, daß in diesem Stadtteil im Jahre 316 n. Chr. der Bischof Martinus geboren wurde, der in späteren Jahren die Gallier zum Christentum bekehrte. Die Kirche wurde um 1670 von den Dominikanern erbaut. Sie strömt eine düstere Kraft aus: Zwischen ihren Mauern kommt einem unwillkürlich die unbewegliche Erhabenheit

223

des spanischen Barocks in den Sinn. Doch würde man das Geburtshaus von Martinus vergeblich hier in der Nähe suchen, es ist zusammen mit den Häusern und Straßenzügen der frühmittelalterlichen Stadt spurlos verschwunden.
Erhalten geblieben ist dafür in der unmittelbaren Nachbarschaft von Szombathely ein Meisterwerk der romanischen Baukunst in Ungarn: die Abteikirche von Ják. Sie hat die Kriege und Vernichtungen von sieben Jahr-

222

hunderten überstanden. Erblickt man auf dem Weg durch die kleine Gemeinde Ják die auf der sanften Anhöhe stehende Kirche, ergreift einen zuerst die Ausgewogenheit und Harmonie des Gebäudes. Das Hauptportal ist ein von Meisterhand geschaffenes, in Stein ziseliertes Schmuckstück. Es wird von Rundbogen und Spitzbogen umrahmt, als wollte es den Übergang von der Romanik zur Gotik symbolisieren. Darüber befinden sich in der gestuften Nischenfolge die Figuren von Christus und den zwölf Aposteln. Weiter oben schmücken Löwen, Frosch- und Hundeköpfe die Fassade. Im Inneren der Kirche eröffnet sich dem Beschauer eine noch reichere Welt der Plastik: ein Königsporträt, das Lamm Gottes, eine holzgeschnitzte Madonna; in der Hauptapsis und in der südlichen Turmhalle Wandgemälde: der hl. Georg, der Tod Mariä; und vielerorts Freskenfragmente. Die Bauplastik am Äußeren der Kirche ist zum Teil ver-

221.–226. Eins der schönsten und ältesten romanischen Baudenkmäler in Ungarn ist die Abteikirche von Ják

224

225

226

stümmelt: Entsprechend der mohammedanischen Glaubensanschauung zerschlugen die Türken die Gesichtszüge all jener Plastiken, an die sie herankommen konnten. Comes Márton, ein Mitglied des Geschlechtes Ják, das die Gegend seit der Landnahme beherrschte, gründete die Kirche. Zweifellos hat der Geschmack, das Mäzenatentum des Geschlechts der Jáks dem harmonischen architektonisch-künstlerischen Ensemble seinen Stempel aufgedrückt. Und natürlich auch der Einfluß der Benediktiner, die die Kirche aufbauten und die Familien-Abteikirche bewahrten. Wahrscheinlich gingen die Erbauer der Kirche aus ihnen hervor, ebenso wie die anonym gebliebenen Schöpfer der Plastiken und Fresken. Woanders hat ein Künstler, der seinen eigenen Wert kannte, beim Bau der großen gotischen Kathedralen manchmal die mittelalterliche Anonymität durchbrochen: Ein Selbstbildnis, ein Signum an einem unauffälligen Platz

227

227. Die Kirche der Gemeinde Velemér aus dem 14. Jh. bewahrt wertvolle Wandbilder, die den Übergang von der Romanik zur Gotik widerspiegeln

228. Die Fresken der Kirche malte 1378 János Aquila, der auch sich selbst unter den Heiligen verewigte

229.–230. Auf den Friedhöfen der Őrség findet man oft geschnitzte Grabpfähle

weist die Nachwelt auf den Schöpfer hin. In der Abteikirche von Ják suchen wir vergebens nach solchen Zeichen. Die Chronik hat nur soviel aufgezeichnet, daß die von Comes Márton gegründete Kirche 1256 von dem Győrer (Raaber) Bischof Omodé eingeweiht worden ist. Im Laufe der Jahrhunderte wurde sie mehrmals restauriert. So auch von Frigyes Schulek, der zwischen 1896 und 1906 die Budaer Matthiaskirche „regotisierte". Die beiden Turmhelme stammen ebenfalls aus der Zeit der Restauration um die Jahrhundertwende.

ŐRSÉG

Der westlichste Zipfel von Transdanubien, genannt Őrség, gehört zu den Ausläufern der Alpen in Ungarn: Es ist ein waldiges, hügeliges Gebiet mit Flüssen, in die das klare, eiskalte Wasser der hohen Berge zur Kleinen Tiefebene hinfließt. Um den Charakter dieser in ihrer natürlichen Unberührtheit ergreifend schönen Gegend zu verstehen, muß man wissen, daß in dem Namen Őrség das Wort „Wache" enthalten ist. Vor über einem Jahrtausend, unmittelbar nach der Landnahme durch die Ungarn, siedelte der Führer Vér-Bulcsú in diesem

228

229

230

strategisch wichtigen Grenzgebiet besonders waffengeübte Leute an, und auch in den späteren Jahrhunderten blieben die besonderen Pflichten und Privilegien der Bewohner des Grenzgebietes bestehen. Für ihren Wachdienst genossen sie persönliche Freiheitsrechte: In dem von Sümpfen durchzogenen bewaldeten Gebiet erstreckte sich die Macht der Grundherren nicht auf sie. Sie lebten in einer eigenartigen, freien Abgeschiedenheit, selbst ihre Häuser waren anders angeordnet als die in den anderen ungarischen Dörfern: In je einer Häusergruppe lebten nur Blutsverwandte — und die einzelnen Häusergruppen schlossen sich nur sehr locker oder überhaupt nicht an die anderen an. In diesen Őrséger Siedlungen entfaltete sich eine vielfarbige, anziehende Kultur. Das Volk der Őrség entwickelte die verschiedensten Handwerke, von der Töpferei bis zur Eisenschmiedekunst, von der Holzschnitzerei bis zur Volksarchitektur. Obwohl sich in den letzten Jahrzehnten auch in

diesem Teil Transdanubiens sehr viel verändert und entwickelt hat, haben die Dörfer der Őrség doch zahlreiche Andenken ihrer Vergangenheit bewahrt. Die Häuser von Szalafő mit ihren eigenartigen, vorspringenden Dächern sind schöne Denkmäler der Volksarchitektur; ein wunderbares Beispiel der dörflichen romanischen Baukunst ist die im 13. Jahrhundert erbaute Kirche in Őriszentpéter. In Magyarszombatfa sind die Töpferscheiben auch heute noch in Betrieb: Die heutigen Meister der jahrtausendealten Volkskunst stellen feine, tiefbraun leuchtende Krüge, Kannen und Kochtöpfe her. Unmittelbar an der Landesgrenze erhebt sich die frühgotische Kirche von Velemér. Sie wurde in der zweiten Hälfte des 13. Jahrhunderts erbaut, das Innere der Kirche schmücken schöne Fresken aus dem 14. Jahrhundert.

Südtransdanubien

Südlich von Budapest wird die Donau von der 54 km langen Insel Csepel in zwei Arme geteilt: in den von Budafok und den von Soroksár. Die Nordspitze nehmen die Csepeler Eisen- und Metallwerke ein, die gewaltige traditionelle Basis der Schwerindustrie; etwas weiter südlich, am Budafoker Donauarm, befindet sich Százhalombatta mit einem der größten Wärmekraftwerke und einer der größten Ölraffinerien des Landes. Der zweite Donauarm — der Soroksárer — fließt träge, er ist ein von Schilf gesäumtes Anglerparadies. Dieses Donauufer mit seinen zahllosen Angelstellen, Erholungsplätzen und Bootshäusern ist ein beliebter Ausflugsort der Budapester. Das malerische Ráckeve im Süden der Insel wurde 1440 von den Raizen gegründet, die vor den Türken hierher geflohen waren. Die schöne griechisch-orthodoxe Kirche aus dem 15. Jahrhundert gehört zu den seltenen griechisch-orthodoxen Kirchen im gotischen Stil.

Das schöne Barockschloß, welches Johann Lukas Hildebrandt, ein bedeutender Architekt vom Anfang des 18. Jahrhunderts, im Auftrag des Prinzen Eugen von Savoyen schuf, beschwört historische Erinnerungen herauf. François-Eugène de Savoie-Carignan, Prinz von Savoyen (1663–1736), kämpfte als Heerführer des Kaiserhauses Habsburg in allen Kriegen seiner Zeit: Als einer der Befehlshaber der Kaiserlichen schlug er die Wien belagernden türkischen Heere zurück, dann nahm er 1686 an der Belagerung von Burg Buda teil, die mit der Zurückeroberung Budas endete, und war später oberster Feldherr während der siegreichen Kämpfe, in deren Verlauf die türkische Armee von dem Gebiet Ungarns verdrängt wurde. Auch am spanischen Erbfolgekrieg nahm er teil. In Anerkennung seiner Verdienste erhielt er vom Kaiser als Besitztum die Insel Csepel, und im Alter weilte er gern hier in seinem Schloß, welches die Erinnerung an den Heerführer und Staatsmann bis in unsere Tage bewahrt.

RÁCKEVE

231. Die Deckenfresken der griechisch-orthodoxen Kirche (17. Jh.)

232. Die griechisch-orthodoxe Kirche der serbischen Gemeinde. Sie wurde Ende des 15. Jh. erbaut, der Turm stammt aus dem Jahre 1771

233. Das ehemalige Schloß des Prinzen Eugen von Savoyen (erbaut von Johann Lukas Hildebrandt, 1702)

232

233

Wenn man von Budapest nach dem südlichen Teil Transdanubiens weiterreist, ist die erste Stadt Dunaújváros. Ursprünglich gab es hier nur ein kleines Dorf, das in den fünfziger Jahren zur Stadt wurde, als zur Zeit der erzwungenen Entwicklung der Schwerindustrie an diesem Ort die „Donau-Eisenwerke“ errichtet wurden. Die wirtschaftliche Konzeption, welche aus Ungarn das „Land von Eisen und Stahl“ machen wollte, erwies sich als einer der schweren Irrtümer der Stalinzeit, doch der seltsame, überladene „stalinistische Barock“ prägte auch diese Stadt. Das ursprüngliche kleine

Dorf mit mehreren alten Bauernhäusern blieb glücklicherweise an der Peripherie der Stadt erhalten.
Heute nennt man Dunapentele die Altstadt von Dunaújváros. Bei den großangelegten Bauarbeiten sind auch ältere Funde zum Vorschein gekommen. In der Umgebung des heutigen Dunaújváros stand eine befestigte Siedlung des römischen Limes: Intercisa. Viele Funde wurden bei den Ausgrabungen der letzten Jahre erschlossen, darunter auch eine bronzene Porträtbüste des Kaisers und Philosophen Mark Aurel, eine Replik des in Rom bewahrten Bildnisses.

Unweit der Stadt Szekszárd, am südlichen Abschnitt des ungarischen Teils der Donau, erstreckt sich das Wildreservat von Gemenc. Auf einer Fläche von 50 000 ha entlang der Donau, in den Wäldern, im Schilf und auf den Lichtungen findet man eine reiche Fauna. Bedeutend, auch in europäischem Maßstab, ist der Bestand an Hirschen, doch gibt es auch viele Wildschweine, Rehe und Kleinwild. In den weiten Wäldern an den Ufern der Donau haben viele Wasservögel ihre Brutstätten, unter ihnen so seltene Vögel wie der schwarze Storch und der weiße Specht.

234.–237. Der Gemencer Wald am Donauufer ist das berühmteste Wildreservat Ungarns

234

235

236

238

238.—239. Kirche aus dem 12. Jh. in Mánfa bei Pécs

240. Kassettendecke der Kirche im Stil des Bauernbarock in Szenna (1785)

241.–242. Ein Kunstdenkmal in Mecseknádasd ist die im Tal liegende Kirche aus dem 13. Jh.

239

MECSEKNÁDASD

40

Ein früh beginnender Frühling, ein trockener, angenehm warmer Sommer und ein langer, sonniger Herbst: Das fast mediterrane Klima Südtransdanubiens gleicht dem Merans in den Alpen. Auf den sonnigen Abhängen des Mecsekgebirges ziehen sich bis in 300—350 m Höhe Weingärten hin. Vor den geschützten südlichen Mauern der Kelterhäuser stehen mächtige Feigenbäume, weiter oben, soweit das Auge reicht, blühen Kastanien und Haselnußsträucher. In den Waldlichtungen wachsen in Europa kaum noch vorkommende seltene Pflanzen, aus wärmeren geologischen Epochen zurückgebliebene „Relikte“, die in dem ausnehmend günstigen Klima Südtransdanubiens die Zeitläufe überstanden haben.
Pécs ist nicht nur infolge seines sanften Klimas eine der anziehendsten Städte Ungarns. In seiner Atmosphäre liegt etwas, das Dichter und Künstler seit Jahrhunderten inspi-

241

242

riert; wer einmal in den Zauberkreis von Pécs gerät, kann sich seiner Wirkung nicht entziehen. Vielleicht liegt das Geheimnis darin, daß in diesem von Donau und Drau umschlossenen Landstrich noch heute verschiedene Völker, Nationalitäten und Kulturen aufeinandertreffen. Auch die illyrische, die keltische und die römische Kultur haben hier zahllose Denkmäler hinterlassen. Später gelangten in die mittelalterliche ungarische Stadt auch byzantinische und italienische Einflüsse. Die auf dem Gebiet der Stadt erschlossene „Cella trichora“ bewahrt das Andenken an den urchristlichen Kult des 4. Jahrhunderts; Sopianae, die römische Vorgängerin von Pécs, war ein wichtiges Zentrum dieses Kults. Der viertürmige Dom, mit dessen Bau unter dem ersten ungarischen König, im 11. Jahrhundert, begonnen worden war, verweist in seinem Grundriß auf lombardische Vorbilder; die 1506 erbaute südwestliche Kapelle ist eines der schönsten Zeugnisse der italienischen Renaissance in Ungarn.

Pécs gehörte schon im 14. Jahrhundert zu den bedeutendsten ungarischen Städten: König Ludwig der Große hat hier 1367 eine der ersten Universitäten Europas gegründet. Zur Zeit der Renaissance erlebte die Stadt ihre erste Blüte: Janus Pannonius (1434–1472) schrieb hier in humanistischem Neulatein seine Verse über seine Hoffnungen und Zweifel hinsichtlich der neuen Epoche; György Szatmáry, Mäzen und Bischof, erbaute hier sein Renaissancepalais, hierher brachte er die in Buda und Florenz für seine Bibliothek angefertigen illuminierten Kodizes. Die Renaissance konnte nach der katastrophalen Niederlage bei Mohács nicht weiterblühen. Doch in Pécs gestaltete sich sogar die Türkenbesetzung anders als in den übrigen ungarischen Städten. Die Osma-

243

244

243. Die Dschami des Hassan Jakowali Paschas (16. Jh.) mit dem Minarett (Rákóczi utca 2)

244. Die einstige Dschami des Kassim Gasi Paschas (16. Jh.), heute Innenstädtische Pfarrkirche, auf dem Hauptplatz, dem Széchenyi tér

245. Die Türme des ursprünglich mittelalterlichen St.-Peter-Doms

246. Das Mittelschiff des Doms. Der Bau wurde im 19. Jh. restauriert, die originalen romanischen Teile werden im Lapidarium der Krypta aufbewahrt

245

246

nenherrschaft war milder, weniger verheerend; der Okkupant versuchte vielmehr, die Stadt durch neue Bauten nach seinem Geschmack zu formen, in der er viele verwandte Züge mit den ihm bekannten südeuropäischen Städten entdeckte. Obwohl die Geschichte schließlich auch für Pécs eine tragische Wende nahm und während der Befreiungskriege und Belagerungen ein großer Teil der mittelalterlichen Stadt vernichtet wurde, hat Pécs — und das ist typisch für den Geist der Stadt — auf eigenartige Weise viel mehr Bauten aus der Türkenzeit bewahrt als irgendeine andere Stadt Ungarns. In Pécs ist uns das größte Bauwerk aus der Türkenzeit, die Dschami (heute Pfarrkirche der Innenstadt) des Kassim Gasi Paschas, überliefert worden. Hier steht die Dschami

247

247. An der Stelle eines alten türkischen Brunnens steht der Zsolnay-Brunnen. Den eigenartig schillernden, mit einer grünen Glasur überzogenen Brunnen ließ die berühmte Porzellanfabrik von Pécs um die Jahrhundertwende aufstellen

248

248. Der Széchenyi tér, im Vordergrund die Dschami des Kassim Gasi Paschas

des Hassan Jakowali Paschas, eine in der zweiten Hälfte des 16. Jahrhunderts erbaute, mit einer achteckigen Kuppel gekrönte mohammedanische Moschee, der sich ein Minarett mit zwölfeckigem Grundriß anschließt. In der Nähe lag ein namhaftes Zentrum des Islams: das Kloster der weltweit bekannten tanzenden Derwische. Seine Gebäude wurden jedoch nach der Beendigung der Türkenherrschaft niedergerissen.
Das geistige Leben der heutigen Stadt ist so rege, daß Pécs nach Meinung vieler zu einem der interessantesten intellektuellen Zentren des Landes geworden ist. Das Pécser Nationaltheater ist eine anerkannte Bühne des ungarischen und ausländischen Gegenwartsdramas, anläßlich einer bedeutenden Premiere kommen Theaterenthusia-

249

250

sten aus dem ganzen Land hierher. In den letzten Jahrzehnten hat das Pécser Museum eine so vorzügliche Sammlung von Werken zeitgenössischer ungarischer Maler und Bildhauer zusammengetragen, daß ein Budapester Kunstsammler, der vor einem halben Jahrhundert die Werke von Tivadar Csontváry Kosztka erwarb und so vor der Vernichtung rettete, dem Janus-Pannonius-Museum einen Teil des Csontváry-Œuvres schenkte. Seitdem sind in Pécs zahlreiche Gemälde des großen ungarischen Malers vom Beginn unseres Jahrhunderts zu sehen. Victor Vasarely, der hervorragende Meister der Op-art, wurde in Pécs geboren. Seine Werke sind in dem von ihm gegründeten Museum ausgestellt.
Pécs hat sich in den letzten Jahrzehnten stark entwickelt, und viele neue Stadtteile sind entstanden. Obwohl sie aus vorfabrizierten Bauelementen errichtet wurden und den Anforderungen unserer Zeit entsprechend funktional sind, sind die neuen Pécser Wohnviertel dennoch farbig und individuell. Architekten und Stadtplaner führten lebhafte Diskussionen wegen der neuartigen Lösungen. Manche bezweifelten, ob es berechtigt sei, die Betonstrukturen mit der Volkskunst entlehnten Motiven und Farben zu schmücken. Andere stellten, um die Pécser Neuerer zu verteidigen, den ehrwürdigen Bauhaus-Traditionen die neuesten Bestrebungen unserer Zeit gegenüber: Vasarelys Straßendekorationen, Siqueiros Wandbilder. Die Diskussion ist bis heute nicht entschieden und kann es auch nicht sein. Das letzte Wort wird die Nachwelt sprechen. Bis dahin können sich die Menschen unserer Zeit an den neuen Farben von Pécs erfreuen, die, wenn wir überlegen, eigentlich alt-neu sind. Ist doch vor einem Jahrhundert in Pécs die dem Tiffany-Glas ähnliche vielfarbige Zsolnay-Glasur entstanden, und dieser Keramiktyp wurde in der hiesigen, von Vilmos Zsolnay geführten Fabrik ausgearbeitet. Der hier hergestellte farbige Pyrogranit schmückt in Pécs und vielen anderen Städten des Landes die von Ödön Lechner entworfenen Gebäude im ungarischen Jugendstil.

249. Eines der engen Gäßchen in der Altstadt, die auf den Berg hinaufführen

250. Der erhalten gebliebene runde Torturm der Burg von Pécs, die Barbakane

SIKLÓS

Die älteste Burg in Südtransdanubien ist Siklós, sie wird schon in einer Urkunde aus dem Jahre 1294 erwähnt. Sie ist die einzige mittelalterliche Festung des Landes, die die Jahrhunderte unversehrt überdauert hat. Sie wurde weder von den Türken noch von den kaiserlichen Armeen zerstört. Die auf romanischen Fundamenten aus dem 13. Jahrhundert erbaute Burg wurde im 15. Jahrhundert von dem mächtigen Garai-Geschlecht in ihrer heutigen Form errichtet. Fast jedes Jahrhundert hat etwas dazugegeben — unser Jahrhundert beschränkte sich auf eine Restaurierung, und in einem Flügel der Burg wurde ein stimmungsvolles Hotel und Restaurant eingerichtet.

251

252

253

254

251. Eingang der Barbakane der Burg Siklós

252. Gotischer Erker in der Burg Siklós

253. Renaissance-Torschmuck

254. Die Kapelle der Burg Siklós ist eines der harmonischsten gotischen Denkmäler in Ungarn (15. Jh.)

Die Tiefebene

Die sich über etwa zwei Drittel des Landes erstreckende mächtige Ebene, die Große Ungarische Tiefebene, reicht von der Donau bis zur östlichen Landesgrenze. Doch scheint die Tiefebene nur dem oberflächlichen Betrachter wie ein einheitliches, eintöniges Flachland. In Wirklichkeit gleicht es einem Mosaik, das aus verschiedenartigen Würfeln, in zahlreichen Nuancen der Pastellfarben zusammengesetzt wurde. Im Gebiet zwischen Donau und Theiß herrscht das frische Grün der Haine und Gärten sowie das blasse Weißrosa der Baumblüte vor, wenn im Frühjahr Millionen Obstbäume blühen. Jenseits der Theiß erstrecken sich Weizen- und Maisfelder, zwischen deren Goldgelb Zehntausende Gehöfte wie Punkte zerstreut liegen. Die gewaltigen Grassteppen, Überreste der einstigen Pußta, sind heute saftige Weiden. In den unterschiedlichen Landschaften gibt es sich in Tradition und Charakter unterscheidende, markante Städte, leben Menschen, die sich teils für Nachkommen der Kumanen, teils für Abkömmlinge der Jazygen halten.

Den Kumanen fielen nicht nur zwischen Donau und Theiß ansehnliche Gebiete zu, sondern auch jenseits der Theiß. Die Kumanen ließen sich im 13. Jahrhundert auf der Flucht vor den Mongolen in Ungarn nieder. Die Abkömmlinge des einstigen Nomadenvolkes sind mit den Ungarn verschmolzen und leben heute in den Siedlungen der Großen Tiefebene.

Die Jazygen sind ein kaukasischer Volksstamm iranischer Abstammung, der ebenfalls während der mongolischen Invasion hierher verschlagen wurde. Auch die Jazygen waren Nomaden; als sie am Anfang des 13. Jahrhunderts nach Ungarn gelangten, erhielten ihre Stämme königliche Privilegien: Die kriegerischen Jazygen unterstanden nicht der Oberhoheit der ungarischen Komitatsordnung, sondern organisierten sich in „Stühlen“ unter der Führung eigener Jazygenkapitäne und waren dem obersten Gericht des Palatins unterstellt. Anfang des 18. Jahrhunderts drohte den Privilegien der Kumanen und Jazygen Gefahr: Leopold I. verkaufte ihre Felder dem Deutschen Ritterorden, doch kurz danach zahlten sowohl die Jazygen als auch die Kumanen 50 000 Goldforint Ablösegeld und erwarben ihre Rechte zurück. Es gelang den Jazygen, ihre Sonderstellung bis 1876 zu behalten; danach wurden ihre Gebiete, ebenso wie die der Kumanen, vom Komitatssystem einverleibt.

Anderswo leben die Nachkommen der in

256

den Freiheitskriegen heldenhaft kämpfenden Heiducken, die, zwischen den Habsburgern und den Türken für „ein Vaterland“ kämpfend, die Freiheit der Heiduckenstädte errangen. Wohin wir uns auch in der Tiefebene wenden, überall schreiten wir über das Land Sándor Petőfis, des Dichters, der in dem Dörfchen Kiskőrös in Kleinkumanien das Licht der Welt erblickte. Auf seinen ständigen Wanderungen hat er alle Ecken und Winkel der Tiefebene aufgesucht und besungen. Er hat in seiner Dichtung der Seele und dem Wesen der Tiefebene für alle Zeiten Ausdruck verliehen: der vielfältigen Schönheit der dem uneingeweihten Auge monotonen Landschaft, der freien Unendlichkeit — der Sehnsucht nach Freiheit, die im Herzen des hier lebenden Volkes glüht.

Kleinkumanien

Petőfis engere Heimat, das sich im mittleren Gebiet zwischen Donau und Theiß erstreckende Kleinkumanien, bewahrt nur noch in seinem Namen die Erinnerung an die Kumanen. Die nomadisierenden Kumanen haben sich nach vielen Gegensätzen und Zwietrachten in das Leben des Landes eingefügt und sind mit dem ungarischen Volk verschmolzen. Den Boden von Kleinkumanien, auf dem der Wind den Flugsand zu Wanderhügeln anhäufte und dann weitertrieb, haben die Bauern im 19. Jahrhundert in beharrlicher, langwieriger Arbeit durch Anpflanzung von Akazienbäumen und Weinreben gebändigt. Schritt für Schritt verwandelte sich der Treibsandboden zu einer der reichsten Obst- und Gemüsezonen des Landes: Hier gedeihen jetzt aromatische Aprikosen, Delikateßweintrauben und Trauben, aus denen die vorzüglichen „Homoki“-Weine hergestellt werden. Heute betreiben landwirtschaftliche Produktionsgenossenschaften und Staatsgüter moderne Großraumwirtschaft. Die Städte Cegléd, Nagykőrös und Kecskemét gestalteten sich in den Jahrzehnten nach der Befreiung aus Agrar-Marktflecken zu bedeutenden Industriezentren.

Von den drei Städten spielte in der ungarischen Geschichte als erste Cegléd eine bedeutende Rolle. Als 1514 die von György Dózsa geführte Bauernarmee in den Krieg zog, versammelte sich das 40 000 Mann starke Heer bei Cegléd, und nach altem Brauch rief Dózsa auf dem Markplatz das unterdrückte arme Volk zum Kampf auf. Nach der Niederschlagung des Bauernkrieges und den blutigen Vergeltungsmaßnahmen erlebte auch das Volk von Kleinkumanien schwere Zeiten. Während der nahezu anderthalb Jahrhunderte dauernden Türkenherrschaft veränderte sich, ähnlich wie in anderen besetzten Gebieten des Landes, auch in Kleinkumanien die demographische Lage von Grund auf. Infolge der Vernichtung von Hunderten von Dörfern und der Verschleppung eines Großteils der Bevölkerung verödeten ganze Komitate mit Ausnahme der „Khas“-Städte, die ausschließlich dem Sultan steuerpflichtig waren und dadurch einen gewissen Schutz genossen. Cegléd, Nagykőrös und Kecskemét gehörten zu den glücklicheren „Khas“-Städten, darum ließen sich die aus den Dörfern fliehenden Menschen zu Tausenden zwischen ihren Mauern nieder. So wuchsen die drei kleinkumanischen Städte während der türkischen Besetzung zu größeren Siedlungen an. Nach der Vertreibung der Türken zogen die Menschen allmählich auf die verlassenen Felder hinaus, wo sie zuerst in provisorisch aufgestellten Hütten nur vom Frühjahr bis zum Herbst wohnten, später ließen sie sich jedoch in den weitverstreuten Gehöften nieder. Doch die drei kleinkumanischen Städte blieben weiterhin große Siedlungen. Als 1848 kaiserliche Truppen unter dem Befehl des Bans Jellačić in Ungarn eindrangen, hielt Lajos Kossuth auf demselben Marktplatz in Cegléd, wo einst György Dózsa gesprochen hatte, seinen berühmten Aufruf zum Kampf. Angespornt von seinen Worten, eilten die Bauern der Tiefebene zu Tausenden unter die Fahnen des Freiheitskrieges.

257 

256. In Ungarn sind die auf dem Schornstein ihre Nester bauenden Störche beliebt; es heißt, daß sie Glück ins Haus bringen

257. Der „Cifra"-Palast in Kecskemét, eine schöne Schöpfung der Jugendstilarchitektur

258. Das nach Zoltán Kodály benannte Musikpädagogische Institut, das aus einem Kloster des 15. Jh. umgebaut wurde

259. Kecskemét ist für sein besonders schmackhaftes Obst bekannt

 259

258 

Auch Kecskemét fiel in der Geschichte der ungarischen Kultur ein wichtiger Platz zu: Hier wurde Zoltán Kodály geboren, der gemeinsam mit Béla Bartók beim Sammeln von Volksliedern oft an die Stätten seiner Jugend, in die Dörfer und Gehöfte von Kleinkumanien, zurückkehrte. Heute werden die Dokumente seines Lebens und Wirkens im Kodály-Archiv in Kecskemét aufbewahrt. Diese Einrichtung ist in erster Linie nicht ein Museum, sondern ein Ort der lebendigen Musikwissenschaft und Musikpädagogik, in der sich von Zeit zu Zeit zahlreiche Musikwissenschaftler und Pädagogen aus aller Welt zu Lehrgängen und Symposien zusammenfinden, die die von Kodály erarbeitete Methode des Musikunterrichts anwenden. Zoltán Kodály hat diese Methode in der Absicht geschaffen, die Jugend schon in der Grundschule schrittweise spielerisch mit den Grundlagen der „musikalischen Muttersprache" bekanntzumachen und sie zu Musik und Gesang verstehenden und genießenden Erwachsenen zu erziehen. In den ungarischen Schulen lernen Hunderttausende Jugendliche nach der Kodály-Methode, doch sie wird auch außerhalb Ungarns in Europa, in Amerika und sogar in Japan angewandt.

260

In der Nähe von Kecskemét liegt die Bugac-Pußta, ein interessantes Denkmal des einstigen Hirtenlebens. Das mehr als 10 000 Hektar umfassende Sandhügelgebiet trägt angeblich den Namen des Adligen Balázs Bugac. Später erwarb es die Stadt Kecskemét und ließ dort ihre Rinderherden und Pferdegestüte weiden. Ein eigenartiges Hirtenleben entstand in der Pußta. Für die Tiere war der „Rechnungsleger" verantwortlich, der ein „nüchterner, wohlhabender Hirte" sein mußte. Zusammen mit seinen Hirtenjungen wachte er in strenger Disziplin über eine Herde von mehreren tausend Rindern und mehreren hundert Fohlen. Die Bugac-Pußta wird heute von modernen Großraumwirtschaften umsäumt, die Pußta selbst jedoch ist ein Teil des Nationalparks von Kleinkumanien. Hier wurde die natürliche Umgebung vor den Veränderungen bewahrt: die eigenartige Sandflora der Pußta, ihre Wälder und die reiche Vogelwelt. Es ist auch gelungen, das langhörnige ungarische Rind in unsere Zeit hinüberzuretten, dessen ansehnliche Herde auf der Bugac-Pußta weidet. Außer dem Rind werden das schwarzweiße Zackelschaf und das ungarische Halbblut gezüchtet. All das erfolgt in der ursprünglichen natürlichen Umwelt und unter Wahrung der traditionellen Verbundenheit des Menschen mit dieser Gegend. Ungarn ist Mitglied der unter der Ägide der UNO wirkenden Internationalen Union für Naturschutz.

Was in Kleinkumanien und anderswo getan wird, ist ein Teil der im Weltmaßstab erfolgenden Arbeit. Jedes Land schützt und pflegt seine charakteristische Flora und Fauna in Nationalparks. Kleinkumanien — diese charakteristische ungarische Region — bewahrt die vielfarbige Vogelwelt, die einzigartige Flora der Sanddünen und das Hirtenleben auf den Weiden der Pußta in einem insgesamt mehr als 30000 Hektar großen

261

Nationalpark für die kommenden Generationen innerhalb einer sich dynamisch entwickelnden industriell-landwirtschaftlichen Umgebung.

Kalocsa und Szeged

Der Dom und das Erzbischofspalais der unweit der Donau gelegenen Stadt Kalocsa sind Zeugen der barocken Pracht des 18. Jahrhunderts. An der Stelle der von Stephan dem Heiligen im Mittelalter erbauten Kirche errichtete András Mayerhoffer, einer der hervorragendsten Architekten des ungarischen Barocks, den Dom, und zwischen 1760 und 1766 wurde aus den Steinen der Festung, die einst neben der Kirche stand, das zweigeschossige Erzbischofspalais erbaut. Seine Räume schmückten Fresken von Franz Anton Maulbertsch aus dessen bester Schaffensperiode. Doch in Wirklichkeit lebt im ungarischen Allgemeinbewußtsein ein älteres Ereignis aus Kalocsa; die Gestalt des Erzbischofs Pál Tomori ersteht aus den Wirren des beginnenden 16. Jahrhunderts, das die Schatten der nahenden Tragödie vorauswarf.

Dieser Erzbischof wurde nach einer glänzenden militärischen und politischen Karriere Mönch, die dem Lande drohende Gefahr berief ihn vom Kloster auf den Stuhl des Erzbischofs. Und der Erzbischof von Kalocsa wurde zum Feldherrn, der die südlichen Grenzburgen verteidigte; er organisierte und leitete die Kämpfe gegen die das Land verheerenden türkischen Streifen. So wurde Tomori zum Helden, der einige Jahre hindurch erfolgreiche Kriege gegen die Türken führte, und später der Führer jener Armee, die im Sommer 1526 versuchte, das gewaltige Heer des Sultans bei seinem Eindringen nach Ungarn aufzuhalten.

Auf dem Platz neben dem Dom steht Pál Tomoris Denkmal. Die Nachwelt hat es dem Feldherrn aufgestellt, der mit der Waffe in der Hand in der Schlacht bei Mohács fiel, die den Verfall des mittelalterlichen Ungarn besiegelte. Der Sultan ließ Tomoris Leichnam köpfen und die Lanze mit dem aufgespießten Haupt als Symbol des Siegers vor seinem Zelt aufstellen. 1976 wurde auf der anderen Seite der Donau auf dem Schlachtfeld bei Mohács der Heldenfriedhof eingeweiht, wo bei Ausgrabungen die Massengräber der in der Schlacht gefallenen ungarischen Soldaten gefunden worden waren. Die Gebeine von mehr als dreißigtausend jungen Männern ruhen in den Gräbern, die pietätvolle Hände wieder aufgeschaufelt haben. Darüber wurden Grabkreuze aufgestellt und um das Feld herum ein Hain angelegt.

Geht man heute durch Kalocsa, findet man viele ungarische Familien, deren Namen auf türkischen Ursprung hinweisen. Es sind Nachkommen der Türken, die nach der osmanischen Besetzung hiergeblieben sind und sich völlig assimiliert haben, an ihre Abstammung erinnert nur noch ihr Name. Doch auch ein anderes Erbe ist aus der Türkenzeit zurückgeblieben: der berühmte Kalocsaer Paprika, der während der Türkenherrschaft in diesem Gebiet eingebürgert wurde. Die ersten Samen haben wahrscheinlich die unter den Türken lebenden bulgarischen Gärtner nach Ungarn gebracht, und im 17. Jahrhundert wurde er allenthalben im Lande angebaut; das pikante, scharfaromatische Gewürz war jedoch für die „Djauren" (Ungläubigen) tabu: Sein Anbau und Gebrauch war nur den Anhän-

262

260. Brunnen auf der Bugacer Pußta

261. Auf dem Heimweg von der Weide

262. Das berühmteste Produkt von Kalocsa ist der Paprika

263. Das im Stil der Romantik 1857 erbaute „Schwarze Haus“

264. Die neoromanische Votivkirche ist zwar vom bauästhetischen Gesichtspunkt eine umstrittene Schöpfung, dafür aber ein um so geeigneterer Hintergrund für die Sommervorstellungen der Szegeder Freilichtfestspiele

265. Innenraum der Neuen Synagoge

26

263

gern des wahren Glaubens erlaubt. Die ungarischen Bauern haben ihnen trotz des Verbotes mit der Zeit die Kunstgriffe der Paprikazucht abgelauscht, sie verschafften sich Samen, und nach der Vertreibung der Türken bauten sie das vorzügliche Gewürz weiter an, das im Laufe der Zeiten ein unentbehrliches Gewürz der ungarischen Küche wurde. Der Paprika ist derart „ungarisch“ geworden, daß er sogar ein typisches Motiv der Kalocsaer Folklore wurde.

Zwei Zweige der Kalocsaer Volkskunst verdienen besondere Erwähnung: die Spitzenstickereien mit den unbeschreiblich reichen, orientalische Inspirationen verratenden farbenprächtigen Blumenmustern und die eine eigenartige Kalocsaer Erscheinung darstellende Kunst der „Pingálófrauen“, die die Hausmauern mit stilisierten Blumenmotiven aus freier Hand schmücken.

Szeged liegt an der Theiß. Bereits zur Zeit der Römer entstand hier am Fluß eine später recht bedeutend gewordene Siedlung, obwohl sie außerhalb der Grenzen der römischen Provinzen Pannonien und Dazien im Karpatenbecken lag. Auf der Theiß wurden die Salzlieferungen befördert, deshalb bauten die Römer am Fluß eine starke Garnison — „Partisum“ —, eine Art römische Insel im „Barbaricum“. Als Theißhafen und wichtiger Umschlagplatz entwickelte sich Szeged im Mittelalter zu einer Stadt. Doch später verursachte gerade die Theiß ihren Untergang: Das Hochwasser im Jahre 1879 ließ die Stadt gleichsam vom Erdboden verschwinden. Diese Katastrophe erregte die Aufmerksamkeit der ganzen Welt; eine internationale Hilfsaktion zur Rettung von Szeged wurde ins Leben gerufen. Viele Straßen im neuerbauten Szeged sind zum Andenken an diese Aktion nach europäischen Hauptstädten benannt worden.

Der Wiederaufbau nach der Hochwasserkatastrophe erfolgte im historizistischen Stil des ausgehenden Jahrhunderts. Der Palast für Bildung, in dem eine Bibliothek, ein Museum und Ausstellungsräume untergebracht sind, wurde 1896 im eklektischen Stil errichtet. Die Votivkirche, deren Bau die Stadtväter nach dem Hochwasser gelobt hatten, wurde ein Dom in neoromanischem Stil. Baubeginn war 1912; im Ersten Weltkrieg mußten die Bauarbeiten unterbrochen werden, und die Kirche wurde erst 1929 eingeweiht. Davor erhebt sich ein einsamer kleiner Turm im romanischen Stil: Er ist das älteste Bauwerk von Szeged, der Turm der einstigen St.-Demetrius-Kirche, die auf Fundamenten aus dem 11. Jahrhundert erbaut wurde. Beim Bau der Votivkirche ließ man den Turm stehen. Das monumentale Gebäude des Doms ist ein charakteristisches Motiv, das das Stadtbild bestimmt. Der Platz vor dem Dom ist ein Zentrum des künstlerischen Lebens, hier finden jeden Sommer die Szegeder Freilichtspiele statt: Opernaufführungen, Ballette, Konzerte und die traditionellen Aufführungen des Dramas „Die Tragödie des Menschen“ von Imre Madách (1823–1864). Das Programm der Freilichtspiele, das Zehntausende von Kunstfreunden anzieht, ist nur ein Moment des vielseitigen, niveauvollen geistigen Lebens der Theißstadt. Neben Budapest ist Szeged eine der kulturellen Metropolen des Landes. Aus Szeged stammen viele hervorragende Schriftsteller und Wissenschaftler. Der Wiederaufbau nach der Hochwasserkatastrophe formte Szeged um die Jahrhundertwende zu einer modernen Stadt. Die den damaligen Zeitgeschmack widerspiegelnden eklektischen und sezessionistischen Gebäude sind Denkmäler einer bereits verflossenen Stilepoche, doch die breiten, luftigen Hauptstraßen, die Promenadenplätze voller Blumen, die großen Parks und die sich zur Theiß hin ausbreitende Stadtsilhouette strahlen bis heute die gut erkennbare urbanistische Konzeption der Forderungen des menschlichen Zusammenlebens aus. Das zwischen den Weltkriegen ausgebaute Universitätsviertel, die nach dem Zweiten Weltkrieg geschaffenen Wohnviertel symbolisieren die neuen Perioden der Stadtentwicklung. Doch hat Szeged auch einen Teil, der bis heute die Züge der an die Scholle gebundenen alten Lebensform zu bewahren vermochte. Die von der einstigen Burg südwestlich gelegene Siedlung wird „Unterstadt“ genannt, wo wir auch heute noch die Spuren jener Zeit finden, in der sich die Dorfviertel der Landarbeiter um den Stadtkern erstreckten. Hier stehen viele charakteristische Bauernhäuser mit dem in der Volksbaukunst der Tiefebene wiederkehrenden Motiv an der Vorderfront: dem Strahlenkranz der Sonne, der von geschickten Meistern in die gezimmerten Holzgiebel der Häuser geschnitzt wurde. An den alten Bauernhäusern der Unterstadt leuchten in vielfältiger Form aufgehängte Paprikagirlanden; sie lassen den Besucher wissen, daß die „Szegeder Paprikabauern“, die Anbauer und Verarbeiter des schönfarbigen ungarischen Gewürzes, ihr traditionelles Gewerbe auch heute betreiben. Fast hätten wir „Künstler“ geschrieben, denn der Kunst verwandt ist das Gemisch von Fachkenntnis und Leidenschaft, mit der die Szegeder Bauern-Bürger den Paprika über Jahrhunderte hinweg „zähmten“ und ihn zu einem Ingrediens der Gastronomie in aller Welt machten.

265

Wie schon erwähnt, ist der Paprika durch die Vermittlung der Türken nach Ungarn gelangt. Wir wollen noch hinzufügen, daß ihn italienische Schiffer auf die von den Türken besetzte Balkanhalbinsel brachten. Die Italiener ihrerseits hatten den Samen von den Spaniern bekommen. Doch auch die Iberische Halbinsel ist nicht die Urheimat des Paprikas: Hierher brachte die „Santa Maria“ des Kolumbus die ersten Paprikasamen aus Mittelamerika. Genauer: Chanca, dem Schiffsarzt der „Santa Maria“, hatte die exotische Pflanze gefallen, die er Königin Isabella als Zeichen seiner Verehrung schenkte. Der Paprika wurde zunächst als Zierpflanze verbreitet. Man baute ihn in Klostergärten an und züchtete die Schößlinge. Als wertvolle Rarität schickten einander Könige und Fürstinnen den Paprikasamen. Erst später stellte sich heraus, daß die in den südlichen Teilen Europas gedeihende Pflanze auch als Gewürz verwendet werden und gewissermaßen den aus dem Osten importierten teuren Pfeffer ersetzen kann.

Der Paprika jedoch, der durch spanisch-italienisch-türkisch-bulgarische Vermittlung in die Ungarische Tiefebene gelangt war, war ein wildschmeckendes, scharfes Gewürz, für Menschen mit gestähltem Gaumen und Magen geeignet. Die Szegeder Bauern entdeckten die Methode, die Schärfe zu mildern: In minutiöser zeitraubender Arbeit schnitten sie die kapsikumhaltigen „Adern“ aus dem Paprika heraus und mahlten erst danach das nun milder schmeckende Gewürz. Diesem einfachen Einfall ist zu verdanken, daß der Szegeder edelsüße Paprika die Welt erobert hat. Später schalteten sich die Pflanzenveredler in die Arbeit ein, und einem ist es durch Kreuzungen gelungen, auch eine Paprikasorte zu züchten, die ganz ohne Schärfe gedeiht: den ungarischen „Delikateßpaprika“.

Heute wird Paprika in Staatsgütern und landwirtschaftlichen Produktionsgenossenschaften großbetrieblich angebaut. Die Ernte wird maschinell getrocknet und in modernen Paprikamühlen zu feinem Pulver gemahlen. Doch der Geist der einstigen „Szegeder Paprikabauern“ lebt in der Stadt weiter, die sich unter den neuen Bedingungen unserer Zeit erfolgreich verjüngen konnte. Der Szegeder Professor Albert Szent-Györgyi hat seinerzeit in dem hier produzierten Paprika die reichste Quelle des Vitamin-C entdeckt. Als der weltberühmte Nobelpreisträger und Biochemiker 1974 aus Amerika nach Szeged zu Besuch kam, konnten ihn die Vertreter der ungarischen Wissenschaften hier in einem der bedeutendsten biologischen Forschungszentren Europas begrüßen. Die Ungarische Akademie der Wissenschaften hat unter der Ägide der UNO das großangelegte Forschungszentrum geschaffen, das seine wichtige Arbeit auf die wissenschaftlichen Traditionen von Szeged gestützt verrichtet.

Das Gebiet „jenseits der Theiß“ (Tiszántúl)

Begeben wir uns aus der Stadtmitte über die Theißbrücke ins moderne Neu-Szeged mit seinen ausgedehnten Parks, dann überschreiten wir zugleich das Gebiet zwischen Donau und Theiß und die Grenze von Tiszántúl. Der Hauptfluß der Tiefebene teilt dieses nicht nur geographisch in zwei Teile. Auch das Antlitz der Landschaft ändert sich jenseits der Theiß, die nach ihrem feinkörnigen, gelblichen Sand die „blonde“ Theiß genannt wird. Die Brücken über dem Fluß sind so lang, daß es im Sommer, wenn sich das gewundene gelbe Band der Theiß zwischen den mächtigen Dämmen verliert, fast unverständlich ist, warum sich die Brücken kilometerweit über die grünen Wiesen und die Birken- und Weidenhaine erstrecken müssen. Doch wer zur Zeit der Überschwemmungen im Frühjahr und Herbst hierherkommt, versteht sofort, warum die langen Brücken und das Dammsystem sowie die großangelegte Flußregelung notwendig sind, mit denen der Wasserbauingenieur Pál Vásárhelyi durch seine umfassende Konzeption das System des Flusses im 19. Jahrhundert umgestaltet und geregelt hat. Die Überschwemmungen der Theiß sind seitdem seltener und ungefährlicher geworden.

Infolge des Durchstiches der Flußwindungen und der Trockenlegung der umliegenden Sümpfe wurden bedeutende Gebiete für die Landwirtschaft gewonnen. Doch die Flußregulierung hatte auch eine ungünstige Wirkung. Von dem Fluß, der infolge der Durchstiche in einem verkürzten Flußbett schneller dahinfloß, erhielten Luft und Boden durch Verdunstung und Sickerung weniger Feuchtigkeit, und das Klima wurde trockener, extremer. Das Leben war schon immer hart und schwer in dieser Gegend: Die Bauern mußten gegen den Flugsand und mit dem Alkaliboden kämpfen, und auch dort, wo der Boden fruchtbar war, gefährdeten Maifröste oder Juni-Juli-Dürren die Ernte, das „Leben“. Noch schroffer aber war das „menschliche Klima“. Im Südteil von Tiszántúl gehörte auf dem von Theiß, Maros und den Körös-Flüssen umschlossenen Gebiet der überwiegende Teil des Bodens einigen Großgrundbesitzern, während Hunderttausende von Bauern landlos ihr Leben fristen mußten. So wurde dieses Gebiet zum Ausgangspunkt der agrar-sozialistischen Bewegungen — zur „Sturmecke“. Hódmezővásárhely bewahrt das Andenken an János Szántó-Kovács, der um die Jahrhundertwende die landesweiten Bewegungen der ungarischen Bauern organisierte. In Békéscsaba steht András L. Áchim hoch in Ehren, der in den ersten Jahrzehnten unseres Jahrhunderts die Erntearbeiterstreiks, den Kampf der armen Bauern, führte. Diese Bewegungen wurden damals mit Feuersalven der Gendarmerie und mit Gefängnisstrafen niedergeschlagen. Die Probleme der landlosen Bauernschaft wurden erst durch die Bodenreform gelöst, deren Durchführung im Frühjahr 1945 in dem kleinen Dorf Pusztaszer in der Tiefebene begann: dort, wo nach der mittelalterlichen Chronik des Anonymus die Führer der landnehmenden Ungarn im Jahre 896 die erste gesetzgebende Versammlung abgehalten hatten.

Hódmezővásárhely, das Zentrum des kampferfüllten Bauernlebens, wurde dadurch eine der bedeutendsten Stätten der ungarischen Kunst der Jahrhundertwende. Viele namhafte ungarische Maler und Bildhauer arbeiteten hier. Auch heute gibt es in der Stadt eine große Künstlerkolonie, den Sitz der „Alfölder Schule“, einer Richtung der ungarischen Malerei. Die Schöpfungen der einstigen Volkskunst der südlichen Tiefebene — Tongefäße, Stickereien und bemalte Bauernmöbel — sind nur noch im Museum der Stadt zu sehen. Der Motivschatz der charakteristischen braungetönten Hódmezővásárhelyer Töpferkunst ist jedoch lebendig: Die Majolikafabrik der Stadt verwendet ihn für ihre schönen Produkte.

266. Toter Arm der Theiß

266

267

268

Gyula liegt in dem Teil des Gebietes jenseits der Theiß, der von den Körös-Flüssen bewässert wird. Man spricht von Körös-Flüssen, weil es hier drei gibt: den Weißen, den Schwarzen und den Schnellen Körös, aus deren Vereinigung der durch die mittleren Gebiete von Tiszántúl fließende Körös stammt, von dem sich ein Netz von Bewässerungskanälen in alle Richtungen verzweigt. Im Zentrum des Städtchens erhebt sich eine mittelalterliche Burg. Sie wurde aus Ziegeln erbaut, da es in der Tiefebene kaum Steine gibt, doch spielte sie auch so Jahrhunderte hindurch eine bedeutende Rolle: Im Kampf gegen die Türken war sie eine Grenzfestung, im Besitz der Osmanen eine Bastion, im Rákóczi-Freiheitskampf eine Festung der Kuruzenarmee, später wurde sie Sitz der von den Habsburgern als Gutsherr dieser Gegend eingesetzten Haruckern-Familie. Heute werden in ihren Mauern jeden Sommer Freilichtaufführungen veranstaltet — die „Gyulaer Burgfestspiele". Gyula spielt aber nicht nur auf diesem Gebiet eine Rolle in der ungarischen Kultur. Hier wurde Ferenc Erkel (1810–1893), der Komponist der ungarischen Nationalhymne und Schöpfer zahlreicher Opern, geboren; Béla Bartók hat dort lange Zeit Volkslieder gesammelt. Albrecht Dürers Ahnen wanderten von hier nach Nürnberg aus: Der Familienname „Dürer" bewahrt laut Dürers schriftlichem Nachlaß den Namen des damaligen Dorfes Ajtós (ajtó = Tür).

267. Die im 14.–16. Jh. erbaute Ziegelburg von Gyula. Heute werden hier im Sommer historische Theaterstücke aufgeführt (Burgfestspiele)

268. Die Konditorei verbreitet mit ihrer Einrichtung von der Jahrhundertwende eine echte Kleinstadtstimmung

269. Einzelgehöft in der Tiefebene

270

Die Kumanen — von denen bereits die Rede war — haben nicht nur zwischen Donau und Theiß ein ansehnliches Gebiet erworben, sondern auch jenseits der Theiß. Die Mehrzahl ihrer Siedlungen sind Nachfahren der während der Türkenherrschaft in Großkumanien enstandenen „Großdörfer“: mehr oder minder große Marktflecken, die in den letzten Jahren den Weg der Industrialisierung beschritten haben. Sie sind umgeben von Hunderten von Gehöften. Nördlich von Großkumanien leben die Abkömmlinge der Jazygen. Am Ufer der Zagyva liegt die größte jazygische Siedlung: Jászberény. Im Jász-(Jazygen-)Museum werden die Denkmäler der Volkskunst aus der Umgebung bewahrt, darunter die bekannten Kürschnerarbeiten, die mit grüner Seide bestickten weißen jazygischen Pelzjacken. Hier befindet sich „Lehels Horn“ aus Elfenbein, mit feinen Schnitzereien verziert. Die Legende besagt, daß das Horn einem Führer der ungarischen Armee gehörte, der in der Schlacht bei Augsburg kämpfte. Nach seiner Gefangen-

271

272

270. Der Bootsteich im Großen Wald

271. Die Statue „Professor“ von Imre Varga setzt István Hatvani, Professor für Naturkunde im Debrecener Kollegium, ein Denkmal

272. Der in seiner Einfachheit monumentale Innenraum der reformierten Großen Kirche in Debrecen. Errichtet zwischen 1805 und 1819

273. Die Große Kirche

nahme schlug der heldenhafte Kämpfer nach der Legende dem siegreichen Kaiser den Kopf mit dem Horn ein. Diese Episode haben die Geschichtsforscher natürlich widerlegt. Das „Horn Lehels" ist eine byzantinische Arbeit aus dem 10. Jahrhundert und auf unbekanntem Weg nach Ungarn gelangt. Vermutlich war es nie in der Hand des Führers Lehel gewesen, der gemeinsam mit den anderen ungarischen Gefangenen für den Angriff auf Augsburg mit dem Leben zahlte. Die Legende aber lebt weiter, die Mär ist stärker als die Wissenschaft.

Das Land der Heiducken

Der Name Debrecen — wann immer und in welchem Zusammenhang er auch erwähnt wird — beschwört stets die Freiheitssehnsucht und die Unabhängigkeitsbestrebungen herauf. Die reiche unabhängige Stadt, die während der 150jährigen Türkenherrschaft für schweres Geld und Steuern ihr Freiheitsrecht erkaufte, gehörte zum unter der Habsburgerherrschaft stehenden königlichen Ungarn, das zwischen dem von den Türken besetzten Land und Siebenbürgen lag. Im 16. Jahrhundert war Debrecen das Zentrum der ungarischen Reformation: Seine geistige Ausstrahlung drang bis in die fernsten Landesteile und sogar über die Landesgrenzen hinaus. Im beginnenden 17. Jahrhundert war die Stadt die Residenz des gegen die Habsburger kämpfenden Fürsten István Bocskai. Während des Freiheitskrieges 1848/1849 zogen sich die ungarische Regierung und die Nationalversammlung vor den vordringenden kaiserlichen Truppen hierher zurück. In Debrecen wurde in der Unabhängigkeitserklärung ein-

274

274. Die neunlöchrige Brücke (erbaut zwischen 1827 und 1833) über dem Flüßchen Hortobágy

275. Die Pußta Hortobágy

stimmig die Entthronung der Habsburger proklamiert. Am Ende des Zweiten Weltkrieges, im Winter 1944/45, traten in Debrecen die provisorische Nationalversammlung und Regierung zusammen. Von Debrecen gingen die ersten Maßnahmen zur Umgestaltung des Landes aus, darunter das Gesetz über die Bodenreform und die Abschaffung des Großgrundbesitzes.
Wo lagen die Wurzeln und aus welchen Quellen nährte sich die Jahrhunderte hindurch immer wieder auflodernde Freiheitssehnsucht, die Debrecen im „Geist von 48" auch zur Zeit des Ausgleichs von 1867 zu einem alle Kompromisse ablehnenden Zentrum machte? Offenbar waren auch konkrete, handgreifliche wirtschaftliche Ursachen vorhanden: Die stolzen, dickköpfigen Debrecener „Cives" fanden auch in den schwersten Zeiten einen Weg, ihren Besitz und den Reichtum ihrer Stadt zu hüten und zu vermehren. Lange Zeit handelte Debrecen mit Erzeugnissen der Viehzucht und der Pflanzenproduktion, sein entwickeltes Handwerk belieferte auch die entfernten Gegenden mit Stiefeln, Knöpfen, Werkzeugen und anderen Erzeugnissen. Doch auch geistige Kräfte gärten im Laufe der Jahrhunderte in Debrecen. In der zweiten Hälfte des 15. Jahrhunderts verwaltete Erzsébet Szilágyi, die Witwe des János Hunyadi, von Debrecen aus die riesigen Hunyadi-Güter, ihre Söhne László und Matthias haben hier ihre Jugend verbracht; László, der ältere, wurde von Ladislaus V. meuchlings gefangegenommen und enthauptet; der jüngere, Matthias, wurde der größte Herrscher des mittelalterlichen Ungarn. Wir irren vielleicht nicht, wenn wir annehmen, daß mit der Hunyadi-Epoche der Unabhängigkeitsgeist von Debrecen seinen Anfang nahm. Die großen Persönlichkeiten der Reformation wurden von Debrecen angezogen. Der Mittelpunkt des einstigen „kalvinistischen Rom" ist auch heute die reformierte Große Kirche.
Das alte Debrecener Kollegium wurde im 17. Jahrhundert zum geistigen Zentrum des ungarischen Protestantismus: Die aus allen Teilen des Landes herbeiströmenden Gelehrten und Prediger fanden zwischen seinen Mauern ein Asyl; es unterhielt lebhafte Beziehungen zu schweizerischen, deutschen und niederländischen Universitäten, seine Studenten durchwanderten das Land und verbreiteten den Geist des Kollegiums. Das heutige Gebäude des Kollegiums wurde zu Beginn des 19. Jahrhunderts im klassizistischen Stil erbaut. Seine Bibliothek bewahrt mehr als 300 000 Bände, zahlreiche Kodizes, Wiegendrucke und Manuskripte. Das Gebäude ist ein wahres Pantheon mit Büsten und Gedenktafeln von Schriftstellern, Dichtern, Wissenschaftlern, die hier einst studierten oder unterrichteten.
Heute jedoch hat sich das lebhaft pulsierende geistige Leben außerhalb des alten Stadtzentrums, in das von Parks umgebene Universitätsviertel im „Nagyerdő", verlagert. Die Kliniken der Medizinischen Fakultät liegen in einem nahezu 60 Hektar großen Hain. Die Philosophische Fakultät trägt den Namen Lajos Kossuths.
Die sich in der Nähe von Debrecen erstrekkende Pußta Hortobágy diente ursprünglich den Herden der „Cives" der Stadt als Weide: Jahrhunderte hindurch weideten auf der Grassteppe Rinder- und Schafherden, galoppierten hier Pferde. Während die Flüsse der Tiefebene reguliert und die Sümpfe ausgetrocknet wurden, wurden auch Schritt für Schritt die unter den Türken brachliegenden Felder bearbeitet, in Tiszántúl blieb die Hortobágy das einzige „Reservat" der traditionellen alten Viehhaltung. Nur so, in Anführungszeichen, denn es verging eine lange Zeit, bis die öffentliche Meinung zu begreifen begann, daß man auf organisierte Weise dieses lebende Museum für die Gegenwart und die Nachwelt retten müsse, das durch die nacheinander entstehenden Fischteiche und Bewässerungsanlagen auf ein immer engeres Gebiet verdrängt wird. Darum wurde die Hortobágy zunächst als Naturschutzgebiet und im Jahre 1973 in Übereinstimmung mit der Internationalen Union für Naturschutz zum Nationalpark erklärt. Zu ihm gehört aber nicht nur die Pußta: Ihm wurde auch die im weiteren Sinne des Wortes genommene Umgebung angeschlossen, die Sümpfe mit ihrer uralten Fauna und Flora, Wälder, Alkalisteppen, alle Plätze, wo geschützte Vögel nisten bzw. Wandervögel rasten. Durch Ungarn zieht sich nämlich ein „Vogelkorridor". Während des Herbst- und Frühjahrszugs ziehen die Wandervögel die Theiß entlang in Nordsüd- bzw. Südnordrichtung. Ihre meisten Rastplätze fallen in das Gebiet, wo sich heute der Hortobágyer Nationalpark erstreckt. Die Vögel genießen nicht nur Schutz im Vogelreservat (in Un-

garn sind fast alle Vogelarten geschützt; von den im Lande lebenden 340 Arten stehen nur 20 nicht unter Schutz), sondern sie erhalten je nach Bedarf auch Nahrung und andere Hilfe.
Das gesamte Gelände des Hortobágyer Nationalparks umfaßt 52 000 Hektar. Davon ist nur ein Teil für Besucher freigegeben, damit die geschützten Tiere ungestört leben können. Doch die größte Sehenswürdigkeit — die Hortobágyer Pußta — steht den Touristen offen. Sie können die alte „neunlöchrige" Brücke besichtigen, in deren Nähe der berühmte „Brückenmarkt" abgehalten wird; die Herden der ungarischen großhörnigen Graurinder, die feurigen Pferde sind zu sehen, und sie können in die berühmte Hortobágyer Csárda einkehren, in der einst auch Petőfi Gast war.
Die um Debrecen liegenden „Heiduckenstädte" waren Siedlungen der vom Schwert und Wagemut lebenden freien Soldaten. Ihre Dienste im Kampf gegen die Habsburger hat Fürst István Bocskai mit Grund und Boden und adligen Privilegien reichlich belohnt.
Die Nordostspitze der Tiefebene wird in einem imposanten Bogen von der Theiß umgeben. Die Sümpfe, die einst infolge der Fluten des launischen Flusses in dieser Gegend entstanden waren, sind durch die Trockenlegung im vorigen Jahrhundert verschwunden; nur ein einziges Moorland ist erhalten geblieben, das zum Naturschutzgebiet erklärt wurde: das Urmoor von Bátorliget. Aber auch heute breiten sich allenthalben Wälder und Haine aus: Eichen- und Eschenwälder, Ulmen- und Birkenhaine.
Diese Gegend war lange Zeit das verborgenste, „ganz weit draußen liegende" Gebiet des Landes. Erst in den letzten Jahrzehnten hat die Industrialisierung diese Landschaft verändert. Die späte Entwicklung ist wohl auch eine Ursache dafür, daß die meisten Dörfer der Nyírség ihren ursprünglichen Charakter beibehalten haben. In den alten Bauernhäusern leben die Menschen noch heute, sie wurden nicht zu Freilichtmuseen wie in anderen Gebieten des Landes. Auch die alten Gewerbe sind noch gang und gäbe: Faßbinder, Schmiede, Töpfermeister arbeiten in den dicht aufeinanderfolgenden kleinen Dörfern. Obwohl es in der Umgebung von Nyíregyháza auch Gehöfte gibt, sind für diesen Landstrich die vielen Dörfer, die zahlreichen uralten Siedlungen typisch. Die Türken haben sich in dieser Gegend nie

276

27

278

279

280

276. Die Hortobágy eignet sich nicht nur für die Pferdezucht, sondern auch für die Zucht von Schafen und Zackelschafen mit schraubenförmigen Hörnern

277. Der Komondor — ein berühmter ungarischer Hirtenhund

278. Gestüt in der Pußta Hortobágy

279. Die traditionelle ungarische Art des großhörnigen Graurindes

280. Die Pferdehinter („Tschikosche") der Hortobágy sind schon von weitem an ihren breitkrempigen, eigentlich Regen- und Sonnenschirm ersetzenden Filzhüten zu erkennen

281

282

283

284

285

281.–283. Die „Meggyes-Csárda". In dieser alten Hortobágy-Tscharda haben die Ethnographen das einstige Milieu der Bauern der Tiefbene rekonstruiert

284. Der Glockenstuhl in Nyírbátor ist ein Vorbote der Holzbaukunst der Karpaten in Nordostungarn

285. Die Kirche von Csaroda aus dem 13. Jh. mit gotischen Wandbildern aus dem 14. Jh.

langfristig aufgehalten, so daß die Dörfer hier nicht vernichtet wurden, wodurch in anderen Teilen der Tiefebene das Landschaftsbild umgeformt wurde. Die mittelalterlichen Dörfer mit ihren schönen romanischen und gotischen Kirchen, hölzernen Glockenstühlen, altertümlichen Pfarrhäusern und alten Friedhöfen mit reichverzierten geschnitzten Grabkreuzen sind unversehrt geblieben. Aus dem Meer der kleinen Dörfer der Nyírség erhebt sich gleich einer Insel der ungarischen Renaissance Nyírbátor — die einstige Residenz des István Báthori, Feldherr von Matthias Corvinus und Woiwode von Siebenbürgen, ein Vorfahr des Siebenbürger Fürsten aus dem 16. Jahrhundert. Das Chorgestühl der spätgotischen Kirche sowie ihre Renaissancetüren, Sitznischen und Monstranzen haben aus Italien berufene Künstler angefertigt. Die mit bemalten und geschnitzten Fenstern geschmückten Altäre wurden schon im Zeichen des Barocks angefertigt. Unter diesen ist der Krucsay-Altar aus dem Jahre 1737 am bekanntesten. Bei den Ausgrabungen des Burgschlosses der Báthoris wurde schönes Material aus der Gotik und der Renaissance erschlossen.

286. Reformierte Kirche in Tákos. Die mit Malereien geschmückte Kassettendecke stammt aus dem 18. Jh.

286

Nordungarn

Berge. Nicht sehr hohe. Sie erheben sich selten über 500 oder 600 m; der höchste Gipfel, der Kékes, ist 1015 m hoch. Unmittelbar darunter beginnt das Flachland. Die Berge trennen, schützen, inspirieren und zwingen zur Schaffung des autochthonen Lebens, auch wenn es sich um ein sanftes, „menschlichen Maßen angepaßtes“ Mittelgebirge handelt, wie das Börzsöny-, Mátra- und Bükkgebirge oder die Zemplén-Tokajer Berggegend. Vor Jahrtausenden erlernten die Vorfahren der heutigen Bevölkerung zwischen den Bergen das Eisenhüttengewerbe, vor Jahrhunderten die Weinbauern von Tokaj-Hegyalja die Herstellung des Ausbruchs. Die Berge und Wälder inspirierten die Bewohner der nordungarischen Dörfer zur Entwicklung des Volksgewerbes, bei dessen Ausübung die einfallsreichen bäuerlichen Meister frappante Lösungen fanden: Sie konstruierten komplizierte Wasserhebevorrichtungen, aus Holz verfertigten sie noch heute betriebsfähige Mühlenkonstruktionen. Als im Winterfeldzug 1849 die Munition der sich in die Berge zurückziehenden Honvédarmee ausgegangen war, wurden die Kugeln in den Dorfschmieden gegossen.

So ist es kaum verwunderlich, daß die Bewohner der nördlichen Gegend von der Bevölkerung des südlichen Flachlandes immer als geschickte Menschen, die sich überall „durchschlagen“, geachtet wurden. Lange Zeit war in den ungarischen Schnurren und Erzählungen „der listige Paloze“ die volkstümlichste Gestalt. Über den Ursprung der in den nordungarischen Bergen lebenden Volksgruppe streiten die Gelehrten heute noch; einige halten sie für Abkömmlinge der Kumanen, andere für Nachfahren der Kabaren, die sich noch vor der Landnahme den Ungarn angeschlossen haben; bis jetzt ist nur soviel gewiß, daß das Wort „Paloz“ blond bedeutet, doch die Palozen sind in Wirklichkeit meist braunhaarig. Ihr würziger Dialekt gehört zu den charakteristischsten ungarischen Mundarten. Kálmán Mikszáth (1847–1910) ließ mit seiner unnachahmlichen Erzählerkunst den Alltag und die Mühsal der an den Boden gebundenen Palozen in die Literatur eingehen.

Vom Börzsönygebirge bis zum Bükkgebirge

Die Natur ist dem Börzsönygebiet gnädig. Die erloschenen Vulkane schlucken und verwandeln die Niederschläge nicht in unsichtbares Karstwasser wie die meisten Kalkstein-Dolomiten in Ungarn. Im Börzsönygebirge gibt es so viele Quellen, Bäche, Rinnsale und andere Wasserläufe, daß selbst

288

28

288. Geschnitzter Fassadenschmuck an einem Bauernhaus

289. Die Kirche von Hollókő

290. Die Ruine der Burg Hollókő aus dem 15. Jh.

290

im heißesten Sommer weder Tiere noch Pflanzen Not leiden. Mächtige Buchen- und Eschenwälder bedecken die höheren Regionen, etwas tiefer spenden Eichenwälder Schatten, und die Südabhänge werden von endlosen Kastanienhainen beherrscht. In den Schutz und Nahrung bietenden Wäldern leben Hirsche, Rehe und die vor einem Vierteljahrhundert hier angesiedelten Mufflons. Es ist das Paradies der Naturfreunde und Jäger. Vereinzelte Touristenhäuser, Hochstände, Aussichtswarten aus Feldsteinen oder Balken auf den Gipfeln unterbrechen die Waldlandschaft. In den sich tief zwischen die Berge einschneidenden Tälern liegen einsame Dörfer.

Die Berg-und-Tal-Landschaft östlich des Börzsönygebirges ist das Herz des „Palozenlandes". In den Tälern des Cserhátgebirges, im waldigen Nógrádbecken liegen die schönsten Palozendörfer; diese Gegend kommt in Kálmán Mikszáths Romanen immer wieder vor. Das Landhaus des Schriftstellers in Horpács ist heute ein Museum. Als das schönste Palozendorf gilt Hollókő. Und vielleicht ist es sogar das schönste Dorf im ganzen Land. Malerisch zwischen die Berge gebettet, hat es auf erstaunliche Weise die Unberührtheit der Volksbaukunst und der Volkstrachten bewahrt. Charakteristisch für die Häuser ist, daß jedes unterkellert wurde und der Kellereingang an der Straße liegt: So erscheinen auch die erdgeschossigen strohbedeckten Gebäude wie einstöckig. Die Veranda wird von geschnitzten Holzpfeilern getragen. Die Kirche mit Holzturm aus dem 14. Jahrhundert in der Mitte des Dorfes ist eines der ältesten Denkmäler der Palozen-Volksbaukunst. Sie ist von alten Wohnhäusern umgeben, die alle unter Denkmalschutz stehen und deren ursprüngliche Formen für die Nachwelt bewahrt werden. Nicht weit vom Dorf steht auf einem Hügel die Burgruine von Hollókő aus dem 13.–14. Jahrhundert. Wie die meisten ungarischen Burgen wurde auch sie nach der Niederschlagung des Rákóczi-Freiheitskampfes von den kaiserlichen Truppen zerstört. Gleich allen anderen ungarischen Dörfern entwickelt und verändert sich natürlich auch Hollókő. Neben der herrlichen Lage und der Schönheit der Gebäude der Volksbaukunst trugen sicher auch die kluge Bewahrung der Denkmäler sowie ihre den heutigen Ansprüchen genügende, funktionale Umgestaltung dazu bei, daß die UNESCO Hollókő als Teil des Welterbes qualifizierte, das besondere Aufmerksamkeit und Schutz verdient.

Die „Hauptstadt" des Palozenlandes war bis in die letzte Zeit Balassagyarmat. Im einstigen Komitatshaus amtierten einige Jahre Imre Madách und Kálmán Mikszáth, die Stadt war im 16. Jahrhundert die Residenz der Familie Balassa, aus welcher der erste große ungarische Dichter, Bálint Balassi, stammte. Das reiche Arsenal der Vergangenheit der Stadt und der Volkskunst der Palozen ist das Palozenmuseum im Zentrum der Stadt. Im Laufe der Industrieentwicklung in den letzten Jahrzehnten wurde jedoch Balassagyarmat von der „Nachbarstadt" Salgótarján etwas in den Hintergrund gedrängt. Ursprünglich entwickelte sich Salgótarján infolge des Bergbaus, doch die Kohlenbecken wurden im Laufe der Zeit größtenteils ausgebeutet. Glücklicherweise verfügt die Stadt über zahlreiche Industriebetriebe, und so bleibt Salgótarján trotz des Rückfalls lebensfähig. Salgótarján wurde während der letzten Jahrzehnte um die vielleicht schönsten modernen Stadtteile im ganzen Land bereichert.

Das Mátragebirge ist, obwohl sich hier die höchsten Gipfel des Landes erheben und die größten zusammenhängenden Waldungen erstrecken, ein sehr „menschennahes" Bergland. Es liegt knapp zwei Autostunden von der Hauptstadt entfernt. Für die Spazierwege durch ihre Wälder braucht man keine Wanderstiefel. Auf einem ihrer zwei höchsten Gipfel, dem Kékes, steht ein Sanatorium, auf dem anderen, Galyatető, ein Erholungsheim der Gewerkschaften. Viele einstige Bergdörfer wurden zu Höhenkurorten mit Villen und Betriebserholungsheimen ausgebaut. Im Winter bringt ein Skilift die Sportler zur Piste. Es gibt Naturfreunde, denen die Umgestaltung der noch vor ein paar Jahrzehnten spärlich besuchten Berggegend nicht gefällt, sie haben ihre Touren in entferntere Berge verlegt. Die Mehrheit

291

291. Die Ruine der im 11. Jh. errichteten Burg Sirok bei Eger

SIROK

hat es aber begrüßt, daß das staatliche Forstwesen in dem „Waldpark" Autoraststätten und Grillstellen eingerichtet und Bänke und Regenschutzbuden aufgestellt hat, und daß das Mátragebirge zu einem vielbesuchten Familien-Höhenerholungsgebiet Ungarns geworden ist. Der größte Höhenkurort, Mátrafüred, liegt 340 Meter ü. d. M., auf der Südseite des Gebirges, doch dank der ihn umgebenden Berge und Wälder herrscht hier ein vorzügliches subalpines Klima. Das in 715 m Höhe gelegene Mátraháza ist das Zentrum des Wintersports, das Heilwasser von Parádfürdő im Norden des Mátragebirges hilft gegen Magenleiden. Die höchstgelegenen Dörfer Ungarns, Mátraszentimre, Mátraszentlászló und Mátraszentistván, liegen etwa 800 Meter ü. d. M. auf der Westseite des Berglandes.

Auf den Südhängen des Mátragebirges und des benachbarten Bükkgebirges gedeihen berühmte Weine. Die besten Weine wachsen am Fuße des Mátragebirges, in der Umgebung von Gyöngyös. Bei Feldebrő erheben sich über den Weingärten die Ruinen der Burg von Debrő. Sie war eine Festung der hochadligen Familie Debrői, die durch einen Putsch der Aristokratie die Thronfolge Alberts von Habsburg verhindern wollte. Die Burg und das Herrengut wurden konfisziert, die Weinberge wechselten den Besitzer, doch der Ruf des Debrőer Weines blieb erhalten, denn die Bauern pflegten die Weingärten weiter, in denen der hellgrüngelbe Debrőer Lindenblättrige mit dem besonders feinen Bukett gedeiht. Die besten, feurigsten Weine am Fuße des Bükkgebirges wachsen in der Umgebung der Stadt Eger (Erlau). Das „Erlauer Stierblut" ist ein auffallend dunkelroter Wein, und sicherlich hat er seiner Farbe das Gerücht zu verdanken, daß die Winzer ihm Stierblut beimischen. Dieses Gerede entbehrt natürlich jeder Grundlage: Das Erlauer Stierblut wird aus mehreren Weinsorten gekeltert, und der Wein erhält seine natürliche dunkelrote, fast ins Schwarze neigende schöne Farbe durch die Weintraubenschalen.

Nördlich von Eger findet man in der Gemeinde Bélapátfalva unter der Bélkőspitze das einzige erhaltene Denkmal des Baustils der Zisterzienser in Ungarn: die 1232 gegründete romanische Kirche. Sie besitzt ein Querschiff, wird längs durch zwei Säulenreihen geteilt, und der Schmuck der Portale, Fenster und Säulen zeugt von der Arbeit hervorragender Meister.

292

292. Ein schönes Denkmal der romanischen Baukunst in Ungarn ist die Zisterzienser-Abteikirche aus dem 13. Jh. in Bélapátfalva

293. Die Kirche des aus Frankreich stammenden Zisterzienserordens weist bereits die ersten Merkmale der Gotik auf

293

EGER

294

Eger verdankt es dem Erlauer Stierblut, daß sein Name heute vielen Ohren bekannt klingt, doch in der Geschichte der Stadt gab es einen Moment, in dem ganz Europa vom Lob für sie widerhallte. Es ist nicht übertrieben, wenn wir sagen, daß es ein seltenes Beispiel ruhmvoller Standhaftigkeit war, als das kaum zweitausend Mann starke Verteidigungsheer von Eger im September 1552 die Belagerung des 150 000 Mann starken türkischen Heeres des Großwesirs Achmed und des Budaer Paschas Ali zurückschlug. Der Burghauptmann István Dobó lenkte voll Ausdauer und Mut den Kampf: Durch unterirdische Gänge schickte er kleine Trupps aus der Burg in den Rücken der Belagerer, wo sie das Heer des Großwesirs mit Überraschungsangriffen beunruhigten. Die Burgmannschaft drängte den Feind durch Ausfälle von den Bastionen zurück. Die Frauen von Eger kämpften gemeinsam mit den Männern auf den Zinnen der Bastionen, sie übergossen die Türken mit kochendem Wasser und Teer, als diese auf Strickleitern in die Festungsmauern einzudringen versuchten. Schließlich erwiesen sich alle Anstrengungen der Angreifer als nutzlos, sie vermochten die Burg nicht einzunehmen, und da auch der Winter vor der Tür stand, zogen sich die Türken aus Eger zurück. Die erfolgreiche Verteidigung der Festung von Eger war ein herausragendes Ereignis im Kampf gegen die Türken, ihre Tragweite ging über die Grenzen Ungarns hinaus, denn sie vereitelte die osmanischen Eroberungspläne für die folgenden Jahre. Literarische und künstlerische Werke verewigten im Laufe der Jahrhunderte diese Heldentaten. Der in zahlreichen Sprachen erschienene Roman „Die Sterne von Eger" von Géza Gárdonyi ist der bekannteste unter ihnen.

Geht man heute durch die Straßen von Eger, fällt es schwer, die Wahrzeichen der Stadt mit dem Sieg von 1552 in Einklang zu bringen. Bei genauer Betrachtung der sogenannten Krankenhauskirche stellt sich heraus, daß sie ursprünglich eine türkische Moschee gewesen sein mochte; die Brücke über dem Bach Eger führt geradewegs zu einem Minarett, das mit seinem 35 m hohen schlanken Turm eines der schönsten Denkmäler aus der Türkenzeit ist.

Es war zu erwarten, daß die Türken die Burg und Stadt Eger letzten Endes doch unterwarfen. Nach dem ersten, siegreichen Zusammenstoß, den die Nachwelt in so vielfältiger Form festgehalten hat, erfolgte eine zweite Belagerung, von der die Chronik weniger berichtet. Dieser zweite Angriff im Jahre 1596 war eigentlich gar keine Belagerung. Die Türken umzingelten die Burg, deren Wache die Festung nach kurzen Verhandlungen unter Zusicherung des freien Abzugs aufgab. Allerdings waren inzwischen grundlegende Veränderungen vor sich gegangen: Der Habsburger-Hof, der den Ungarn gegenüber schon immer mißtrauisch gewesen war, hatte die Grenzfesten mit nichtungarischen Söldern belegt. Das war auch in Eger der Fall, und die fremden Wachmannschaften waren nicht geneigt, ihr Blut in einem riskanten Zusammenstoß zu vergießen. Lieber gaben sie die Schlüsselposition von Nordungarn auf, die für nahezu hundert Jahre in türkische Hand geriet. Erst ein Jahr nach der Befreiung von Buda, im Jahre 1687, wurden die türkischen Belagerer aus Eger verjagt.

Die mittelalterliche Stadt wurde in den Kämpfen während der Türkenzeit zerstört und vernichtet. Im Stadtkern dominieren die Stilrichtungen der Wiederaufbauepoche des 18. Jahrhunderts, vor allem der Barock, der hier durch das örtliche Gepräge einen „Erlauer Barock" schuf: Er ist schwungvoller und dynamischer als in anderen ungarischen Städten. Die auf dem Dobóplatz im Zentrum der Stadt stehende Minoritenkirche, die zwischen 1758 und 1783 von zwei Erlauer Architekten erbaut wurde, ist ein Meisterwerk des reifen Erlauer Barocks. Das Barockgepräge des Stadtbildes wird von dem Rokokostil des „Kleinpropstpalastes", eines der bedeutendsten ungarischen Bauwerke des Rokokos, wirksam unterbrochen. Ein weiterer Farbtupfen im Stadtbild von Eger ist der Zopfstil, der seinen Namen nach seinem beliebtesten Motiv, dem gewundenen Rankenschmuck, erhielt, der an die Zopfperücken erinnert. Dieser Stil — eine mitteleuropäische Variante des Louis-seize-Stils in Architektur und Dekoration — herrschte Ende des 18. Jahrhunderts, seine Bauten in Eger knüpfen sich zum großen Teil an Namen und Tätigkeit von Jakab Fellner. Fellner war der Architekt der Fürsten Esterházy; im Auftrag eines Bischofs von Eger, Graf Károly Esterházy, baute er den Gebäudekomplex der heutigen Pädagogischen Hochschule. Ursprünglich plante Esterházy den mächtigen Komplex als Universität, doch der Wiener Hof verhinderte die Gründung einer neuen Universität in der nordungarischen Stadt. Lange Zeit war es ein Lyzeum, in den letzten Jahrzehnten wurde es zu einer bedeutenden Einrichtung der pädagogischen Hochschulausbildung.

Die alte Bibliothek verfügt über eine reiche Sammlung von Geschichtswerken, der Festsaal ist mit Fresken von Franz Anton Maulbertsch geschmückt. Ein interessanter Teil ist die Sternwarte aus dem 18. Jahrhundert, deren Einrichtung Henrik Fassola nach den Plänen des namhaften zeitgenössischen Astronomen Miksa Hell angefertigt hat. Fassolas Signum tragen viele kunstvolle Portale und Schmiedearbeiten an Palästen und Schlössern in Nordungarn. Hell war zu

294. Das Minarett von Eger — ein Denkmal aus der Türkenzeit

295. Ansicht von Eger

295

296

297

jener Zeit Direktor des Wiener Observatoriums. Seine weltweit bekannten Beobachtungen und Messungen, die er 1769 in Norwegen während des Durchgangs der Venus durch die Sonne machte, schufen die Grundlage dafür, die Entfernung zwischen Erde und Sonne genauer als bis dahin zu bestimmen. Fassolas Interesse konzentrierte sich auf ein Thema — das Eisen. Er war in das Eisen verliebt, von ihm besessen. Seine Werkstatt stand in jener alten Straße, die heute seinen Namen trägt. Seine Schmiedewerkstatt war ein eigenartiges Gemisch von Atelier und Laboratorium, in dem er die Eigenschaften der Erze aus dem Mátra- und dem Bükkgebirge analysierte. Und zwar mit Erfolg. Unter den Erzproben stieß er auf Nutzerz. Fassola eröffnete — in Gemeinschaft mit der Bergwerkskammer, den Oberbeamten der Kammer und den Miskolcer Handelsherren — ein Eisenbergwerk, im Herzen des Bükkgebirges errichtete er die Ómassaer Eisenhütte und den „Eisenschmiedebetrieb" in Hámor.
Obwohl von der mittelalterlichen Stadt nur wenig erhalten geblieben ist, haben die Zeitläufe am historisch wichtigsten Schauplatz, in der Burg von Eger, durch ein merkwürdiges Zusammenspiel der Ereignisse überraschend viele Dokumente bewahrt. Anfang des 18. Jahrhunderts wurde — ähnlich wie viele andere ungarische Burgen — auch die Festung von Eger von der Habsburg-Soldateska geschleift. Der Wiener Hof befürchtete, daß die Burgen, die die Türkenkriege recht und schlecht überlebt hatten, von den

Freiheitskämpfern als Stützpunkte gegen die Habsburgerherrschaft benutzt würden. Die Uneinnehmbarkeit der Burg von Eger wurde durch ein kompliziertes Kasemattensystem gesichert. Die sich viele Kilometer unter der Erde hinziehenden, in den Felsen gehauenen Gänge ermöglichten den Verteidigern, ihre Kräfte unbemerkt umzugruppieren und an unerwarteten Stellen ein konzentriertes Feuer auf die Belagerer zu richten. Die Versorgung der umzingelten Festung mit Munition und Lebensmitteln erfolgte wahrscheinlich ebenfalls durch die Kasematten. So war man bemüht, bei den 1702 durchgeführten Sprengungen vor allem die Kasematten für die Kuruzen unbrauchbar zu machen, mit dem Erfolg, daß man an die mit Felsen und Geröll verrammelten Gänge nicht herankommen konnte. Doch die dicke Erdschicht hat auch vieles bewahrt. Die Erschließung des Kasemattensystems in Eger wurde in mehreren Phasen durchgeführt, und im Ergebnis der Arbeiten sind in den letzten Jahrzehnten die langen Gänge, Gewölbesäle und größeren und kleineren Nischen wieder zugänglich gemacht worden, die den einstigen Verteidigern als Wohn- und Schlafräume, Lebensmittelspeicher, Waffen- und Munitionsarsenal dienten. In den Kasematten befindet sich ein 30 m tiefer unterirdischer Brunnen, der die Festungsmannschaft während der Belagerung mit Wasser versorgte. Vor der Übergabe der Burg wurden Kanonenrohre und Waffen in den Brunnen versenkt, sie kamen ebenfalls unversehrt zum Vorschein.

Dem ersten Eindruck nach scheint Miskolc eine eintönige Stadt zu sein. Hütten- und Walzwerke, Maschinen- und Zementfabriken, Papier- und Textilfabrik, Spinnerei, Kühlhaus — eine endlos lange Reihe von Fabriken, alte und neue Wohnbezirke, die Technische Hochschule mit den Studentenheimen, die in den fünfziger Jahren errichtet wurden: das ist Miskolc. Eine Industriestadt und ein Handelszentrum wie Manchester oder Duisburg.

In Wirklichkeit aber ist es nicht nur ein Ensemble von Betrieben und Wohnbezirken. Miskolc ist eine interessante, vielseitige Stadt, die überdies von einer der schönsten Bergketten des Landes umsäumt wird. Nur wenige Industriestädte sind so unmittelbar mit der Natur verbunden wie Miskolc, dessen Hintergrund die waldigen Höhen des Bükkgebirges bilden.

Mit der Naturnähe hing die Entdeckung zusammen, die Miskolc um die Jahrhundertwende zum Zentrum einer wissenschaftli-

298

299

296. Deckenfresko (gemalt 1778 von János Lukács Kracker) des Bibliothekssaals des einstigen Lyzeums mit der Darstellung des Tridentinischen Konzils

297. Das schmiedeeiserne Tor von Henrik Fassola am Bischofspalais (um 1780)

298. Die neoklassizistische Kathedrale in Eger (erbaut 1831–1836 nach den Plänen von József Hild) ist die zweitgrößte Kirche in Ungarn

299. Die Fassade des Lyzeums, von der Kathedrale aus gesehen

300

30

chen Weltsensation machte. Damals hat man zuerst während der Bauarbeiten in der Innenstadt Steinwerkzeuge gefunden, in denen Ottó Herman, der Polyhistor und Naturwissenschaftler (damals Parlamentsabgeordneter der Stadt Miskolc), die Werkzeuge der Altsteinzeit erkannte. Auf Hermans Anregung wurden die Ausgrabungen in der unweit der Stadt liegenden Szeleta-Höhle im Bükkgebirge in Angriff genommen. Dort stieß man auf so zahlreiche Denkmäler des Paläolithikums, daß der „Bükker Urmensch" im Kreise der Prähistoriker nach kurzer Zeit zu einem allgemeinen Begriff wurde. Nach einigen Diskussionen natürlich, wie das bei solchen wissenschaftlichen Entdeckungen zu sein pflegt. Bis dahin knüpfte sich der Begriff des Steinzeitmenschen an das Somme-Tal. Es war schwer, die Echtheit eines Fundmaterials anzuerkennen, das bezeugte, daß in Mittelosteuropa zur selben Zeit wie dort eine Urzivilisation auf der gleichen Entwicklungsstufe existierte. Die internationale Tübinger Prähistorikerkonferenz im Jahre 1911 bestätigte schließlich die Existenz des Bükker Urmenschen. Damit ist Miskolc in die Weltgeschichte der Wissenschaft eingegangen. Die Stadtgeschichte von Miskolc hat eigentlich zwei Pole, da vor der Vereinigung von Miskolc mit Diósgyőr vor einem Vierteljahr-

302

hundert die beiden Ortschaften zwei selbständige Siedlungen waren.
Im Mittelalter war Diósgyőr, die Stadt der ungarischen Königinnen, führend. Dort wurde schon unter den Anjou-Königen ein prachtvolles Burgschloß errichtet, das Beatrix, die Gattin des Königs Matthias Corvinus, weiter ausbaute, verschönerte und mit Meisterwerken der Renaissance bereicherte. Die Möbel ließ sie von Benedetto da Maiano anfertigen, Reliefs bestellte sie von Verrocchio, die Räume schmückte sie mit Keramiken aus Faenza und herrlichen Wandteppichen, den „Arazzi".
Im 18. Jahrhundert änderte sich das Verhältnis der beiden Städte. Damals drang Miskolc Schritt für Schritt vor, entwickelte sich zu einem wichtigen Handelsknotenpunkt, seine Beziehungen erstreckten sich weit über die Grenzen Ungarns. Eine Kirche aus dem ausgehenden 18. Jahrhundert in der Innenstadt von Miskolc wahrt die Erinnerung an die griechische Kolonie, deren Mitglieder sich zur Zeit der Türkenkriege auf der Flucht vor der osmanischen Unterdrückung auf dem Balkan zu Beginn des Jahrhunderts in Miskolc niedergelassen und durch ihre Handelstätigkeit und ihre Verbindungen in hohem Maße zum Aufschwung der Stadt beigetragen hatten. Die Kirche wurde von der „Griechischen Compania" erbaut, als die Abkommen der einsti-

300. Der Glockenturm (1557) der Kirche am Avas in Miskolc

301. Fenster der im 13.–14. Jh. erbauten Kirche am Avasberg

302. Zwischen den Bergen Nordungarns finden die Ausflügler noch viele unberührte, die reine Schönheit der Natur bewahrende Landschaften. Der Hámori-See mit dem Kurhotel

303 

SZALAJKA-TAL

303. Kalkbrennerei

304. Der Wasserfall des Szalajka-Baches im Bükkgebirge

305. Jávorkút

gen Flüchtlinge schon angesehene reiche Miskolcer Bürger waren, doch verrät jeder Teil die Sehnsucht nach dem zwangsweise verlassenen Hellas. Der wunderbare Ikonostas wurde aus den Ikonen geflüchteter griechischer Maler zusammengestellt. Griechische Künstler fertigten die Schnitzarbeiten der Kanzel, den Begräbnisthron und die geschnitzten Bänke an. Das eine Kruzifix ist das Werk der Mönche aus dem Athos-Kloster.

Im Laufe der Jahrhunderte verschmolz die griechische Handelskolonie mit den Ungarn. Als Griechenland seine Unabhängigkeit im 19. Jahrhundert wiedererlangte, sind einige Familien in die alte Heimat zurückge-

304 

wandert. Doch die dynamische Entwicklung, die Miskolc zum Teil den Griechen verdankt, ging weiter. Der von Henrik Fassola im Jahre 1770 gegründeten Eisengießerei folgte im 19. Jahrhundert ein neues bedeutendes Eisenwerk, das bald darauf mit einem großen Hochofen und einem Walzwerk erweitert wurde. Diese Betriebe wurden aber nicht in der Stadt, sondern außerhalb von Miskolc, in der Umgebung von Diósgyőr, errichtet. Damit begann die Umgestaltung der einstigen Königinnenresidenz zum Zentrum der nordungarischen Schwerindustrie.

Ein Gebäude aus der klassizistischen Epoche von Miskolc ist das Nationaltheater, das zwischen 1847 und 1857 erbaut wurde. Doch die Theaterkultur der Stadt ist viel älter. Neben Kolozsvár (Klausenburg, Cluj-Napoca) und Balatonfüred war Miskolc die älteste ständige Heimstätte der Schauspielkunst in ungarischer Sprache. Das erste Theatergebäude der Stadt wurde 1819 gebaut, und als es 1843 abbrannte, errichteten die Miskolcer das heutige Theater. Zahlreiche prominente ungarische Schauspieler traten hier auf. Auch heute ist Miskolc ein Zentrum der ungarischen Theaterkultur. Das gleiche gilt für das Musikleben.

In der Nähe der Innenstadt, hinter dem die Stadt durchquerenden Szinva-Bach, erhebt sich der 234 m hohe Avas. Die Weinkeller und Kelterhäuser an seinen Abhängen zeugen von der einstigen berühmten Weinkultur. Die auf dem Nordabhang erbaute Avas-Kirche ist ein Denkmal der mittelalterlichen nordungarischen Architektur. Die ursprünglich einschiffige romanische Kirche aus dem 13. Jahrhundert wurde später erweitert und Ende des 15. Jahrhunderts zu einer dreischiffigen gotischen Hallenkirche umgebaut. Das Äußere ist noch das gleiche wie im 15. Jahrhundert, nur das Innere der Kirche wurde im 18. Jahrhundert umgestaltet, als die Kirche nach den türkischen Zerstörungen renoviert wurde.

Von der Kirche führen Spazierwege zu dem Aussichts- und Fernsehturm auf der Bergspitze. Seine Form ist heute ebenso ein Wahrzeichen von Miskolc wie der Glockenturm der Avas-Kirche mit dem charakteristischen holzverkleideten Turmhelm. Sie beide symbolisieren zusammen Miskolc: die alte und die neue Stadt. Der Avas ist die Vorhut des in der Nachbarschaft der Stadt beginnenden Bükkgebirges. Von Miskolc kommt man durch eine malerische Talenge zu dem Höhenkurort Lillafüred am Hámori-See. In unmittelbarer Nähe der Stadt liegt auch der durch sein Höhlenbad und Heilwasser bekannte Ort Miskolctapolca.

Nördlich vom Bükkgebirge erstreckt sich eine ausgedehnte Karstlandschaft. Von den Bergdörfern Aggtelek und Jósvafő sowie vom Vörös-See öffnen sich die drei Eingänge zu dem größten Tropfsteinhöhlensystem Europas. Mit den bis in die Slowakei reichenden Teilen beträgt die Länge der Höhlen 23 km, der Hauptzweig von Aggtelek bis Jósvafő ist 7 Kilometer lang, der bis jetzt erschlossene Teil der „Friedenshöhle" ist länger als 5 km. Ein unbeschreiblich schönes, in Formen und Farben unnachahmlich glitzerndes und funkelndes unterirdisches Märchenreich verbirgt sich in den verzweigten, an manchen Stellen mehrschichtigen Höhlensystemen, die im Laufe von Millionen Jahren entstanden sind. Im Hauptteil der Aggteleker Höhle, in der Baradla-Höhle, reihen sich kleinere und größere Säle aneinander, in denen die launische Natur bizarre Tropfsteingebilde geschaffen hat.

Einander folgende Höhlenforscher-Generationen haben die Hauptgänge des Höhlensystems für das Publikum zugänglich gemacht. Die ersten Messungen wurden 1801/1802 durchgeführt, seitdem wird die Erforschung mit mehr oder minder größeren Unterbrechungen fortgesetzt. Im Jahre 1952 wurde die Friedenshöhle entdeckt, doch gewiß hält das unterirdische Reich noch viele Überraschungen bereit. Die erschlossenen Teile des Höhlensystems haben elektrische Beleuchtung, so können diese auch von Touristen ohne Schwierigkeiten und Gefahren durchwandert werden. In einem großen Gewölbesaal werden Höhlenkonzerte veranstaltet. In dem heilsamen Mikroklima der Friedenshöhle werden Asthma- und Bronchitiskranke mit Erfolg behandelt.

305

JÁVORKÚT

Tokaj

Vor Millionen Jahren war das Zempléngebirge wahrscheinlich Schauplatz einer gewaltigen vulkanischen Tätigkeit. Die feurige Lava hat sich über die Berghänge ergossen, ist dann zerstaubt und hat sich im Laufe der Zeit in fruchtbaren Boden verwandelt. Quellen und Bäche bewässern allenthalben das Land. Es ist ein gottgesegnetes Land. Nicht nur sein Boden ist besonders fruchtbar, sondern auch das Klima unterscheidet sich von allen anderen Gebieten des Landes: Es ist freundlicher und sonniger. Nirgends ist der Herbst so lang und sonnig wie im Gebiet zwischen Bodrog und Theiß. Um diese Zeit trocknen und schrumpfen die Weintrauben, die man bis Spätherbst und Winteranfang an den Weinstöcken beläßt. Danach beginnt die Lese nach guter alter Tradition.

Den Ursprung dieser Tradition hat die Chronik genau aufgezeichnet. Wie in anderen Landesteilen fand die Weinlese bis Mitte des 17. Jahrhunderts auch in Tokaj im Oktober statt. Bis dahin war die Weinkultur dieser Gegend nicht besser als in anderen Weingebieten. Die große Wende trat ein, als der protestantische Pfarrer Máté Sepsi-Laczkó, der Hofpfarrer und Vertraute Zsuzsanna Lorántffys, auf dem Gut Tokaj-Hegyalja — aus Furcht vor dem Tokaj-Hegyalja drohenden Angriff der marodierenden Türken — die Weinlese auf dem Weinberg „Oremus“ auf November verschob. War es Zufall oder ahnte Sepsi-Laczkó die Tragweite der Folgen der Weinleseverschiebung? Als gebildeter Mann hat er gewiß die Odyssee gelesen — darin besingt Homer genau, wie die Griechen den Ausbruch bereiten. Doch es kann sein, daß er das Ergebnis seiner Anordnung erst erkannte, nachdem er den feurigen aromatischen Wein der Spätlese gekostet hatte. Die auf einen späten Zeitpunkt angesetzte Weinlese bot Zeit und Gelegenheit, daß die Weintrauben in dem sonnigen Herbst die „Edelfäulnis“ erreichten. Unter der Wirkung der Botrytis cinerea, einer besonderen Pilzart, schrumpfen die Trauben, der Säuregehalt des Saftes verringert sich, der Zuckergehalt steigt, und ihre Schale wird dünner. Damit ist die wichtigste Bedingung für den Ausbruch geschaffen.

Die bunte Welt der Märchen und Legenden umgab von Anbeginn die Heimat des Tokajer Weins.

Auch Paracelsus kam nach Tokaj, um sich zu überzeugen, ob es stimmt, daß die Reben in dieser Gegend Gold aus dem Boden und der Sonne „aufsaugen“. Wenn man dem

306

306. Die berühmten Weintrauben von Tokaj

307. Weinlese

308. Der Weinkeller des Tokajers hat ein besonderes Klima

309. Der Tokaj-Berg

Volksmund glauben kann, ist es dem Schweizer Alchimisten und Chemiker wirklich gelungen, an geheimen Teilen der Weinstöcke Goldkörner zu finden. Das allerdings gehört nicht mehr ins Reich der Märchen, daß seit der Geburt des Ausbruchs ausländische Weinhändler nach Tokaj-Hegyalja kamen — zuerst aus Polen —, die aus allen Fässern Weinproben nahmen. Die Fässer, auf denen sie „COS" („habet colorem, odorem et saporem") vermerkten, wurden sofort gekauft und bezahlt. Dann wurden in den Tokajer Weinbergen auch die Schotten einheimisch. Zuerst kamen sie nur zum Einkauf nach Tokaj, später ließen sie sich hier nieder und gründeten förmliche Handelsdynastien. Der Tokajer Wein ist in alle Welt gelangt. Nachdem Ferenc Rákóczi II. Ludwig XIV. eine Weinsendung schenkte, wurde der Tokajer der Lieblingswein des französischen Königs. Voltaire, Friedrich der Große, der Papst, Zar Peter der Große, alle bevorzugten den edlen Tokajer Ausbruch.

Wir sind in Tokaj angekommen, das dem berühmten Wein seinen Namen gab. „Tokaj" ist eigentlich der 515 m hohe Berg Tokaj und das zu seinen Füßen liegende Städtchen. Hier hat Held Tarcal die blühenden Weingärten vorgefunden, und nach Anony-

310

mus' Chronik „betranken sich hier die Helden auf dem Berg". Hier wurde die Burg erbaut, ist eine blühende Siedlung entstanden, die lange Zeit zum Besitz der Familie Hunyadi gehörte. Selbst eine Königswahl fand hier im Jahre 1526 nach der Schlacht bei Mohács statt. Die Türken und später die kaiserlichen Truppen haben das Land mehrmals verheert, doch die Weinlandschaft ist immer wieder zu neuem Leben erwacht. Unter Ferenc Rákóczi II. blühte sie wieder auf. Peter der Große schloß ein Abkommen mit dem ungarischen Fürsten, laut dem er eine ständige „Weinaufkaufskommission" in Tokaj unterhielt. Seitdem begleiteten zaristische Gardisten jeden Winter die mit Weinfässern beladenen Fuhren von Tokaj bis Petersburg. Die Nachfolger Peters I. kauften Weingüter in der Umgebung von Tokaj, führten auch Tokajer Weinstöcke nach Rußland aus und nahmen als deren Begleiter auch einige ungarische Winzer mit. Die Tokajer Weinstöcke wurden auf der Halbinsel Krim angepflanzt, doch dort hatte der Wein einen ganz anderen Geschmack als auf den ungarischen Weinbergen. Mit dem gleichen Ergebnis endete der Versuch des Grafen Lazar de Schwendi. Der kaiserliche Marschall der Habsburger ließ viele tausend Weinstöcke auf sein Gut im Elsaß bringen, doch auch dort änderte sich der Geschmack des „Tokajer". Selbst in Ungarn gedeihen der feurige Tokajer Ausbruch und seine zwei „Geschwister", der süße und der trockene Szamorodni, nur in einer ganz genau umgrenzten Gegend. Einschließlich Tokaj erstreckt sich die Weingegend von Tokaj-Hegyalja auf insgesamt 28 Gemeinden.

Sárospatak, das kleine Städtchen am Bodrogufer, wurde im 16. Jahrhundert zum geistigen Zentrum. Der damalige Besitzer, Péter Perényi, hat die reformierte Hochschule gegründet, die von da an viele Generationen hindurch eine Stätte der Wissenschaften war. Auch die Künste waren in Sárospatak zu Hause. Von Perényis Kunstliebe zeugen auch heute noch einige wunderbare Renaissance-Teile des Burgschlosses. Die Blütezeit der Habaner-Töpferkunst ist mit dem Namen György Rákóczis I. verknüpft. Die wegen ihres Glaubens verfolgten anabaptistischen Habaner flohen aus Norditalien über Österreich nach Mähren. Doch auch dort

310. Die Burg von Sárospatak

311. Der Bibliothekssaal (erbaut 1806 nach den Plänen von Mihály Pollack) des reformierten Kollegiums, das 1531 gegründet wurde

312. Der Rittersaal der Burg der Familie Rákóczi in Sárospatak

313. Der Innenhof der Burg mit der Perényi-Treppe aus dem 16. Jh.

fanden sie keine Bleibe, da gewährte ihnen György Rákóczi I. in Sárospatak Asyl. Jahrhunderte hindurch produzierten die Habanermeister ihre mit Bleiglasur und farbigen Motiven verzierten Gefäße. Ihre Kunst beeinflußte auch das ungarische Töpferhandwerk und lebt noch heute in der Sárospataker Volkskunst.

Unter Zsuzsanna Lorántffy (1600–1660), der Witwe des siebenbürgischen Fürsten György Rákóczi I., war das geistige Leben in Sárospatak besonders vielseitig. Die Fürstin hat während ihrer langen Witwenschaft ungeheure Summen ihres Riesenvermögens für die Entwicklung des Bildungswesens verwendet. Als Comenius, der vortreffliche Gelehrte und Pädagoge seiner Zeit, während der Protestantenverfolgung in Böhmisch-Mähren seine Heimat verlassen mußte, berief sie ihn als Professor an die Sárospataker Hochschule. Die bahnbrechenden pädagogischen Prinzipien von Jan Amos Komenský wurden zuerst in Sárospatak angewandt. Hier schrieb er das den Unterricht reformierende Werk „Orbis pictus", das in genialer Erkenntnis die Methoden des Anschauungsunterrichts in die Pädagogik einführte.

Der ungarische Unabhängigkeitsgeist der Rákóczi-Epoche schlug in Sárospatak und in der gesamten nordungarischen Region tiefe Wurzeln. Im Gebiet zwischen den Flüssen Hernád, Bodrog und Theiß flammten Ende des 17. Jahrhunderts zunächst verstreut, dann immer konzentrierter die Freiheitsbewegungen der Kuruzen auf. Anfang des 18. Jahrhunderts wählte Ferenc Rákóczi II. Sárospatak — genauer die Burg von Sárospatak — zu seiner Residenz und zum Hauptquartier im Freiheitskampf gegen die Habsburger. Die Familie Rákóczi hatte die Burg zu Beginn des 17. Jahrhunderts erworben. Es ist auch heute Rákóczis Land. Wie in Tokaj und in den vielen kleinen Dörfern hüten auch in Sárospatak die alten Bäume das Andenken an den „großen Fürsten", unter denen er geruht, Beratungen geführt oder Recht gesprochen hat, wie es in den Volkslegenden heißt. An Rákóczi erinnern die barocken Jagdschlösser, in denen er während der großen Herbst- und Winterjagden übernachtete, die alten Bauernhäuser, in denen er unerwartet auftauchte, um sich mit den leibeigenen Soldaten zu unterhalten, die sich vom Sieg des Freiheitskampfes nicht nur Unabhängigkeit versprachen, sondern auch Freiheit und Boden. Eine Ursache der Niederlage des Freiheitskampfes war, daß es, als man diese Hoffnungen erfüllen wollte, schon zu spät war. Doch die Legenden erinnern nicht daran, sondern an Rákóczi.

Hier, in Rákóczis Land, beenden wir unsere Wanderung durch Ungarn in Raum und Zeit. Eine Wanderung, die man noch lange fortsetzen könnte und sollte, um alle Errungenschaften und Probleme des neuesten Kapitels der ungarischen Geschichte aufzuzeigen. Dieses neue Kapitel enthält die Hoffnung, daß das Volk, das so viele historische Stürme durchlebt hat, endlich in Frieden und Wohlstand leben und wirklich Herr des Landes sein kann.

FOTOGRAFIEN:

Umschlagbild von Károly Hemző

András Balla: 120, 121, 122, 124
Demeter Balla: 35, 138, 140, 142, 145, 157, 170, 205, 206, 212, 259, 262
Gábor Barka: 32, 34
Lóránt Bérczi: 40, 41, 47, 55, 73, 75, 86, 105, 119, 125, 129, 139, 146, 166, 167, 168, 177, 181, 183, 195, 217, 232, 233, 242, 244, 246, 254, 287, 291, 301, 310, 311
Sándor Bojár: 30
Lajos Czeizing: 60, 67, 264, 267, 270, 290, 296, 297, 298, 299, 312
László Csigó: 28, 56, 84, 93, 99, 101, 102
Előd Csobaji: 187, 281, 282, 283
Károly Csonka: 245
András Dabasi: 18, 19, 20, 23
Péter Diner: 38, 79, 85
János Eifert: 36, 61, 188, 256, 303, 305
Géza Fehér: 14, 15
László Fejes: 108, 131
Csaba Gábler: 173
György Gara: 44, 68, 70, 74
László Gyarmathy: 52, 63, 78, 92, 106, 198
András Hász: 2, 43, 117, 118, 147, 180, 211, 216, 224, 223, 231, 272
Károly Hemző: 29, 31, 39, 53, 54, 57, 64, 65, 69, 71, 76, 81, 82, 83, 90, 94, 95, 98, 100, 148, 149, 160, 171, 172, 215, 255, 260, 268, 271, 276, 280, 285, 288, 307, 309
Róbert Horling: 263
Tibor Hortobágyi: 266, 292, 294, 295, 302, 304
Tibor Inkey: 89, 144
Rudolf Járay: 80
György Kapocsy: 91, 143, 275
Péter Korniss: 72, 88, 103, 104, 159, 163, 261, 274, 277, 278, 279, 289
Sándor Nagygyörgy: 234, 235, 236, 237
Árpád Patyi: 58, 107, 136, 189, 222, 225, 226, 265, 269, 273, 306
Endre Rácz: 3, 151, 152, 153, 155, 174, 175, 176, 178, 184, 185, 186, 190, 191, 192, 193, 196, 197, 200, 201, 202, 204, 207, 221, 228, 229, 230, 238, 239, 240, 241, 243, 247, 248, 249, 250, 251, 252, 253, 257
Tamás Révész: 218, 219, 220
Herbert Saphier: 154, 293
András Surányi: 24, 33, 42, 45, 46, 48, 49, 50, 96, 97
Károly Szelényi: 1, 4, 5, 6, 7, 11, 12, 13, 16, 17, 21, 22, 25, 26, 27, 51, 66, 126, 127, 128, 130, 132, 137, 141, 156, 158, 161, 162, 169, 179, 182, 194, 203, 308, 313
László Szelényi: 8, 9, 62, 165, 199, 208, 209, 210
Gyula Tahin: 37, 59, 87, 109, 110, 111, 112, 113, 114, 115, 116, 123, 213, 214, 258, 284, 286
Bence Tihanyi: 10
András Tokaji: 77, 133, 134, 135, 150, 164
Ferenc Tulok: 227, 300